ISTITVTO EDITO
RIALE ITALIANO

COSTRVIRE

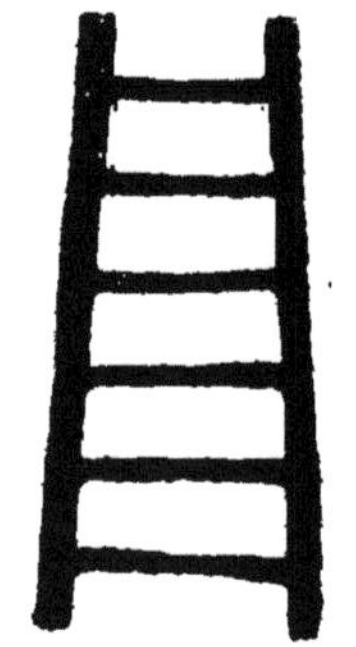

SERGE BASSET

L'ITALIE EN ARMES

(LES ITALIENS D'AUJOURD'HUI VUS PAR UN FRANÇAIS)

ISTITUTO EDITORIALE ITALIANO
MILANO - PARIS

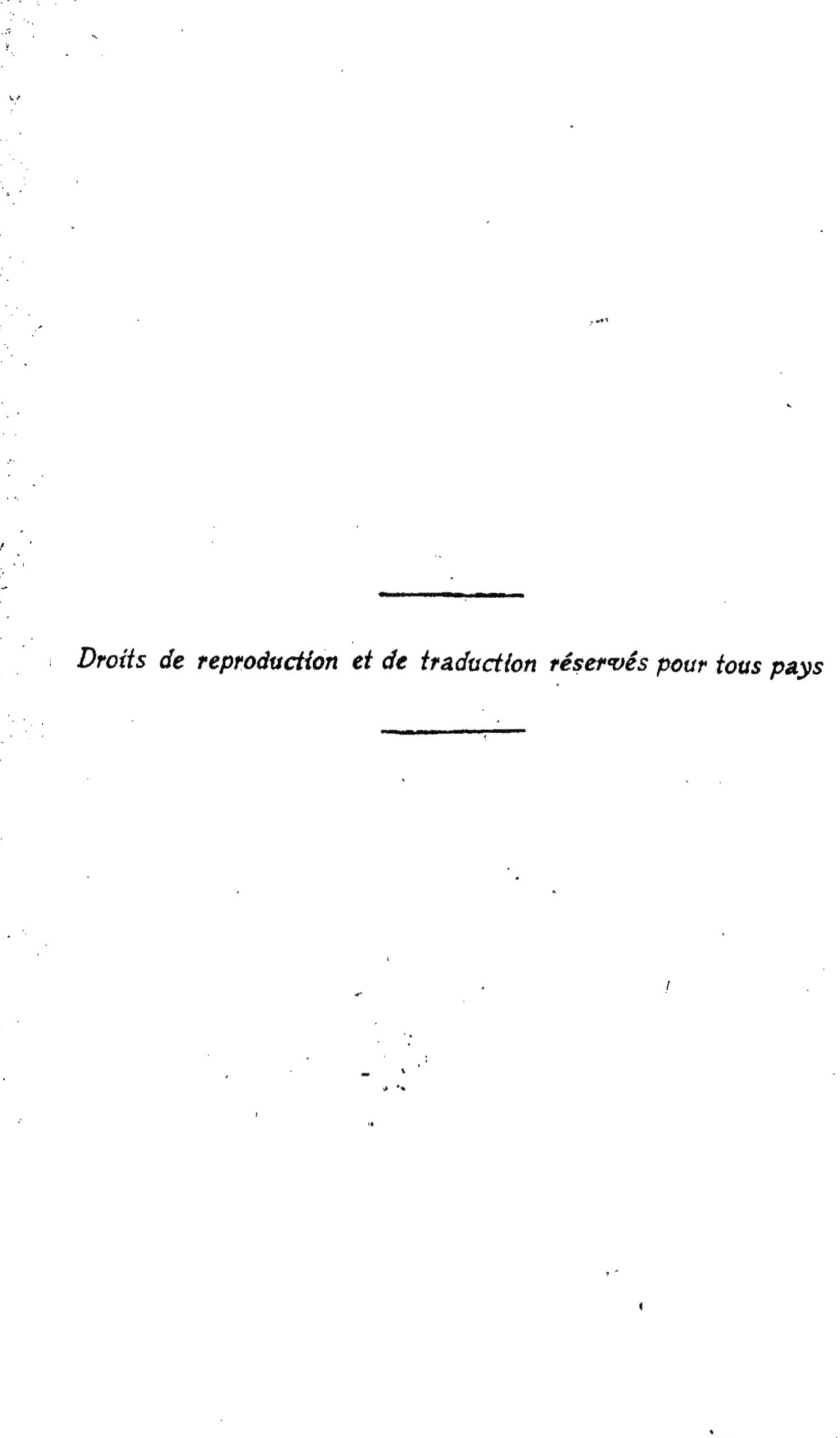

E
L

A la France, ce véridique témoignage

sur sa sœur l'Italie.

S. B.

SERGE BASSET

L'ITALIE EN ARMES

(LES ITALIENS D'AUJOURD'HUI
VUS PAR UN FRANÇAIS)

I

Nous ne connaissons pas l'Italie. Pour nombre de Français de culture moyenne, elle reste encore aussi ignorée que certaines régions de l'Afrique centrale. Au moins de celle-là, nous avons quelques lumières. Les explorateurs en ont tracé de saisissantes images; nous pouvons nous en faire une idée distincte. Entre l'Italie contemporaine et nous s'interpose fâcheusement un double écran qui intercepte notre vue et nous permet tout juste, à force d'attention, de deviner que certaines choses, derrière lui, vivent et palpitent. Ce double écran, c'est la Rome antique, c'est l'Italie de la Renaissance.

Si l'on parle devant nous de la péninsule, un flot d'images et de souvenirs envahit aussitôt notre cerveau : la Rome primitive, conquise sur les Etrusques, les légendes sévères et grandioses de sa création, Romulus, Rémus, le sage Numa Pompilius, la tyrannie de Tarquin, les rois chassés, la République, la lutte des patriciens et de la plèbe, Rome imposant son hégémonie aux populations qui l'entourent, étendant ses conquêtes, arrêtant, par le glaive de Marius, la première invasion des barbares, devenant par cela même, le soldat de la civilisation, affrontant et détruisant Carthage, commençant la conquête du monde et, malgré les rivalités de ses généraux, Marius, Sylla, et un peu plus tard, de César et de Pompée, d'Antoine et d'Octave, montant, montant toujours, emplissant l'univers, *orbis terrarum*, de ses exploits et de son prestige. Puis, Octave devenant Auguste et l'Empire renaissant dans une apothéose. Et presque aussitôt après, comme si tant de gloire eût rendu jaloux les Destins, de surprenants empereurs dont la puissance de Rome a fait éclater le cerveau, qui s'érigent en dieux et marchent de rêves en rêves surhumains, de folie en folie, de crimes en crimes avec l'Erynnie antique derrière eux. Par un contraste frappant, au milieu d'eux, la noble et impressionnante figure de Marc-Aurèle. Et peu à peu le lent déclin de l'empire, parmi la stupeur des nations qui ne peuvent croire encore que le grand soleil méditerranéen s'éteint....

Terribles ou glorieuses, toujours fortes et saisissantes, cette succession d'images obsède invariablement notre pensée, de même que lorsque nous entendons prononcer le mot de Renaissance, il nous semble voir briller à nos yeux l'éclatante lumière qui de Rome, de Bologne, de Florence, de Milan, comme d'autant de foyers magnifiques, s'échappe en nappes éblouissantes et réveille le moyen-âge prêt à s'endormir du sommeil de la mort : d'abord l'aube, la Proto-Renaissance et Giotto, les sculpteurs pisans, et Pétrarque, Boccace, les premiers humanistes, la résurrection de l'antiquité, l'université de Bologne retrouvant et expliquant le droit romain; l'accueil fait aux savants grecs chassés par les Turcs, ennemis alors comme aujourd'hui de toute véritable civilisation, le rajeunissement de la philosophie, la cour païenne de Sigismond Malatesta à Rimini; l'humanité reprenant goût à la vie, en découvrant et en exprimant les beautés, Mantegna, Verrocchio, Ghiberti, Raphaël. Léonard de Vinci et Michel-Ange — ces deux-là, des demi-dieux plus que des hommes! —, les Médicis, Jules II, autant de souvenirs exprimés en traits de feu dans notre cerveau et qui s'y pressent pittoresques, poétiques, grandioses au premier rappel, portés par un flot d'enthousiasme.

Pour la plupart d'entre nous, pour nombre d'Européens, l'Italie c'est encore cela. Que derrière ces somptueux et tyranniques écrans qui la cachent, travaille, grandisse et s'élance à l'assaut de toutes les gloires, une ardente et jeune nation, ivre de la volupté de l'action, avide d'égaler et de dépasser les hauts faits de l'antiquité et de la Renaissance, quelques-uns seulement s'en doutent, peu le savent complètement, personne ne le dit. Du moins autant qu'il le faudrait.

Cette tâche écrasante qui l'assumera? Il y faudrait un poète, un économiste et un homme d'Etat tout ensemble. Qu'on ne me prête pas la folle prétention d'y avoir songé. Modeste reporter pouvais-je penser à autre chose qu'à réunir, par le lien d'une réelle admiration, les notes que j'ai prises, durant cinq mois devant le spectacle de l'Italie en armes. Je me suis gardé de parler de ce que je n'avais pas vu, n'étant pas de ces témoins qui, en vue d'un effet d'audience, amplifient leur déposition. De ce que j'ai vu, j'ai taché d'exprimer sobrement l'interêt et l'émouvante beauté. La sincérité de ces pages malheureusement trop hâtives, personne n'en pourra douter. Si leur lecture pouvait contribuer à abolir définitivement d'anciens malentendus dont déjà même l'ombre semble disparaître; si elle pouvait suggérer aussi à des Français le désir d'aller vérifier sur place l'exactitude des faits que je rapporte : la puissance de travail de ce peuple, le brûlant patriotisme de l'Italie nouvelle, ses instincts idéalistes, les ressources de son ardent et fécond génie; si par surcroît il en pouvait résulter entre nos deux pays, un plus vif et durable échange de vues, de relations, de tendre et durable amitié, combien je m'estimerais payé de mon labeur!

II

C'est sur de singulières nouvelles, arrivées de Milan, que mon voyage en Italie fut décidé. Le télégraphe et les journaux nous apprenaient que des émeutes éclataient dans toute la péninsule, qu'elles avaient revêtu un caractère de particulière gravité dans le nord. qu'à

Milan notamment des boutiques, des demeures privées avaient été pillées, saccagées, incendiées parce qu'on en savait des Allemands propriétaires ou locataires. Les journaux suisses parlaient de l'extrême surexcitation des habitants de Milano, « *terrorisés par la venue, qu'on disait proche, des aéroplanes autrichiens et des Zeppelins de l'empereur Guillaume* ».

Les troubles avaient commencé le mercredi, à Milan; le samedi soir je partais, en me demandant quels spectacles allaient s'offrir à ma vue. Dans le train, le hasard — cette providence des reporters — voulut que je recontrasse, entre Bardonnèche et Turin, un ancien professeur de l'Université de Grenoble. Depuis sa retraite, il s'est fixé en Italie. Dans un coin de la Toscane plein de soleil, il achève ses jours parmi le commerce des auteurs anciens et des philosophes. Il y a plus mauvaise compagnie.

Ses études ne l'empêchent point cependant de vivre et de regarder autour de lui. Sa passion pour les « idées claires, seule marque du vrai », dit Descartes, fait qu'il ne peut demeurer indifférent à aucun spectacle. Vivant depuis quinze ans bientôt en Italie, comment aurait-il fermé les yeux sur ce qui se passait autour de lui?. Comment aurait-il résisté à la tentation de constater, d'examiner, de chasser, de comparer, d'induire?

Je lui confiai mon projet d'enquête, mon désir de voir juste et de savoir.

— Il n'y a qu'une méthode pour cela, — me dit-il aussitôt. — Dépouillez-vous de toutes les idées que vous apportez ici. Faites table rase de tout ce qu'on vous a appris sur l'Italie. Supposez que vous débarquez sur une terre découverte d'hier, ouvrez les yeux tout grands et tâchez de deviner ce que vous ne verrez pas. Il n'y a pas de pays sur lequel nous autres Français (n'exceptons du reste pas les autres Européens) ayons des idées plus fausses. Il n'y en a pas sur lequel les Allemands, menteurs et trompeurs par nature, aient volontairement répandu plus d'erreurs. Méfiez-vous de tout ce qu'on a dit de ce pays. Il y a trop de gens intéressés à le calomnier ou à glisser des malentendus entre cette noble terre et les autres pays... Les journaux sont pleins des «troubles de Milan, des désordres de Milan, de la Révolution qui commence à Milan ». Vous verrez ce qu'il en est. Si l'on y a quelque peu houspillé quelques insupportables Allemands qui s'y croyaient déjà en pays conquis, qui ne se gênaient pas pour écrire dans leurs affreuses revues, notre Milan, *unser Milan*, si l'on a jeté par les croisées le contenu de quelques maisons notoirement habitées par des espions *boches*, vous pourrez juger de l'opportunité de cette opération. Que d'autre part, Milan soit en révolution comme l'annoncent quelques journaux suisses vendus à M. de Bethmann-Hollweg, que Milan tremble sous la menace des *Zeppelins*, il y a là de quoi pouffer de rire. Je m'en voudrais, en vous en disant plus long sur ce point, de vous priver du plaisir de la surprise...

Au cours de la conversation le vieux savant me dit encore :

— J'ai contribué à vous apprendre ce que fut Rome jadis, et comment la Renaissance se leva ruisselante de lumière, de la péninsule. Ces deux Italies là vous sont connues, je l'espère; j'y ai employé du moins tous mes efforts. Voici ce qu'est la troisième Italie, celle que vous allez voir.

« Aucune nation, aucune contrée n'a réalisé plus de progrès depuis trente ans. A tous les points de vue. Sa population d'à peine 20 millions d'habitants en 1861, dépasse aujourd'hui 35 millions. Ce chiffre est destiné à grossir sans cesse, car en même temps que la race se révèle d'une admirable fécondité et que l'Italie semble vraiment redevenir *Magna mater virorum*, la mortalité diminue, sur son sol, dans d'étonnantes proportions. C'est au point que chaque année, cent à cent cinquante mille de ses enfants s'en vont porter à l'étranger, dans une émigration qui constitue pour elle une nouvelle source de richesses, un trop plein d'énergie inemployée. On comptait à peine cinq cent mille Italiens vivant à l'étranger en 1872; il y en a plus de six millions aujourd'hui.

« Laborieuse, patiente, économe, tenace, cette nation tend à se placer chaque jour de plus en plus aux premiers rangs de celles qui comptent dans l'humanité. Son agriculture s'ouvre aux méthodes nouvelles et en bénéficie dans ses trois principaux systèmes de culture, aussi bien dans le système lombard de la culture intense et savante que dans le système des terrasses de l'Apennin, ou dans les maremmes. Vous apprendrez que les blés de Naples (qu'est devenue la légende du paysan confondu avec le lazzarone?) et de Barletta soutiennent la comparaison avec nos meilleurs blés de France, avec les plus savoureux froments de Russie. La superiorité de la culture maraîchère, les fruits de ce pays, ses vins si savoureux (38 millions d'hectolitres à l'année, soit près d'un milliard de francs), le cultures industrielles, le lin, le mûrier (d'où la séricicolture si florissante en Lombardie, dans le Frioul et dans l'Ombrie), la betterave si productrice.... Vous pourrez juger de tout cela. Si le temps vous en était donné, essayez aussi de voir les admirables résultats du reboisement des forêts, tel que l'a conçu et le poursuit le gouvernement italien.

« Ses persévérants efforts se sont exercés dans toutes les branches de l'activité nationale. L'industrie aidée, encouragée, favorisée, récompensée, peut offrir avec orgueil le spectacle de ses centaines de carrières de marbre en pleine activité, de ses incomparables verreries, de ses faïences d'art, de ses soies. Les économistes tombent d'accord que ce pays est le premier pour la production des cocons et des soies. Je ne vous parlerai point des industries alimentaires; les ignorants eux-même savent que leur terre classique est ici. La laine, les tissus de coton, la métallurgie naissante tendent à prendre un surprenant essor. Il semble qu'avec une hâte fébrile l'Italie veuille rattraper le temps perdu. Sur les chemins où ses pas incertains n'osaient s'aventurer, voilà qu'elle court.

« Aidé et favorisé par les fleuves et les canaux (3000 kilomètres de voies navigables) et par les initiatives d'une marine marchande qui semble vouloir reprendre la tradition des anciennes galères pisanes, génoises, amalfitiennes et vénitiennes, dont les pavillons claquaient aux vents de toutes les mers; encouragé et aidé par la collaboration des quatre grandes lignes internationales du Mont-Cenis, du St.-Gothard, du Brenner et de Vienne par le Col de Tarvis, le commerce italien compte aujourd'hui plus de dix-huit mille kilomètres de chemin de fer à sa disposition. Avant l'Unité on en comptait un millier à peine....

« Vous comprendrez alors que le mouvement du commerce, exportations et importations comprises, approche aujourd'hui de quatre milliards par an. Vous comprendrez les budgets florissants de ce pays, la reconstitution d'une armée qui, vous l'allez voir, accomplit des merveilles, et la création d'une flotte puissante qui brûle d'effacer les souvenirs de Lissa. Vous comprendrez comment les œuvres d'assistance ont pu depuis vingt ans, grossir leur budget de vingt-cinq millions de francs annuels, et comment les dépôts dans les caisses d'épargne atteignent actuellement sept milliards.

«Ce sont là, vous l'avouerez, des résultats. D'autres me touchent encore plus. Savez-vous que de vingt-mille, les écoles élémentaires de ce pays sont montées à plus de 60.000, que les statistiques du Ministère de l'Instruction publique peuvent offrir en outre à l'observateur 150 écoles normales, près de 800 gymnases et lycées, 500 écoles ou Instituts techniques, 21 Universités royales ou libres, 22 instituts supérieurs ou écoles spéciales... Il n'est pas un de ces établissements où la grandeur de l'Italie et l'importance du rôle qu'elle se doit à elle-même de jouer dans le monde ne soient prêchées, commentées et glorifiées.

« Puisqu'une heureuse fortune vous conduit en Italie, libre de soucis, d'idées préconçues et de préjugés, ouvrez les yeux, vous dis-je, et regardez. »

III

Et là-dessus le professeur me conta une légende qu'il avait trouvée, disait-il, chez un vieil auteur.

— Il y avait une fois dans un des plus beaux châteaux du monde, une jeune princesse. Ses traits, sa grâce, son intelligence frappaient d'admiration ceux qui étaient admis à la voir. Et il n'y avait qu'une voix pour saluer et acclamer en elle la digne héritière d'une série d'illustres aïeux.

Cependant bien peu, parmi ceux qui la connaissaient, arrivaient jusqu'à elle. Car le château qu'elle habitait était plein d'enchantements. Il avait été construit avec tous les raffinements de l'art par des aïeux jaloux que la postérité se souvînt de leur gloire. Il apparaissait si somptueux, si enrichi des plus séduisantes œuvres des grands artistes, à ce point rempli de magnificence et de trésors que tous ceux qui en approchaient devenaient le jouet d'un sortilège. Oubliant le but de leur visite, ils ne pouvaient détacher leurs regards de cet amoncellement de merveilles et, subitement déliés de toute autre espèce d'intérêt, ils vouaient leur vie à les contempler, à les dénombrer et à s'extasier devant elles.

Dans ses appartements, la jeune princesse attendait vainement les hommages auxquels elle avait droit. Chaque fois qu'un prince ou simplement un homme de qualité était annoncé, elle se disait en se regardant coquettement dans son miroir : «Certes, s'il a du goût et de la bienséance, ce visiteur demandera a m'être présenté! » Captivé par la succession d'enchantements qui le guettaient dès le seuil du palais, abimé dans la contemplation d'une des œuvres du passé, le visiteur ne songeait non plus à la princesse que si jamais les Grâces et la Poésie ne l'eussent créée.

Cette fille illustre s'étonnait parfois de sa solitude. Elle aurait même douté des charmes de son visage et de son esprit si quelques amis estimables ne lui eussent témoigné de la chaleur et de la sincérité de leurs sentiments par leur empressement et le zèle de leur affection. Elle avait fini par se laisser vivre sans d'autre souci que de plaire à ceux-là, de faire le bien et de soutenir la réputation glorieuse de son nom.

Mais la solitude incite au sommeil. La belle princesse s'endormit donc un beau jour dans le temps précisément que les salles de son palais étaient remplies d'etrangers dont aucun ne songeait à se faire annoncer auprès d'elle. Elle s'endormit d'un sommeil plein de grâce, mais si profond que le bruit se répandit de sa mort et que son âme s'étant envolée, sa dépouille mortelle gardait cependant, par je ne sais quel miracle, l'apparence de la vie.

La première surprise passée, on cessa de voir là-dedans un prodige et peu à peu on oublia la princesse. Pendant des siècles son sommeil se prolongea. A dire vrai elle paraissait ne devoir plus jamais quitter sa couche. On commençait à parler d'elle au passé, quand un vieux magicien curieux d'étudier un cas aussi étrange, demanda à voir l'endormie :

— Elle se réveillera, — dit-il, — le jour où trois enchanteurs uniront leur pouvoir pour abolir dans ce jeune corps plein de vie l'influence du sortilège qui la possède. Ces trois enchanteurs....

— Ces trois enchanteurs, vinrent-ils ? — demandai-je au professeur en le voyant interrompre brusquement son récit et se retourner dans le compartiment du côté du filet plein de valises.

Le train entrait en gare; des *facchini* se précipitaient aux portières. Des parents attendaient le professeur et je ne pus obtenir de lui qu'il me contât la fin de cette légende.

— J'achèverai quelque jour ce récit symbolique... — me dit-il. — mais peut-être sera-ce inutile. Je serais bien surpris si vous ne rencontriez pas sur votre route les trois enchanteurs!

IV

Et les trois enchanteurs vinrent. Ils avaient nom Victor-Emanuel, Garibaldi, Cavour.

A chaque pas que j'ai fait de Turin à Palerme, j'ai retrouvé leur effigie, leur souvenir, leurs traces puissantes. Et parmi le rayonnement de leur gloire j'ai vu, m'apparaître dans sa beauté désormais immortelle, la jeune princesse si longtemps ignorée, l'Italie d'aujourd'hui.

PREMIÈRE PARTIE

AVANT L'INTERVENTION

J'avais traversé l'Italie en décembre 1914, huit jours après les retentissantes déclarations de M. Salandra sur « les légitimes aspirations nationales ». Tous les yeux étaient fixés sur la péninsule. Dans le monde entier on se demandait : « Des deux voies qui s'offrent à ses pas, laquelle choisira l'héritière de Rome? »

La propagande allemande faisait rage de Turin à Palerme. Quelques esprits timorés prétendaient que les Italiens se laisseraient intimider ou gagner par elle. La question de la neutralité du Vatican se posait avec non moins de précision. Si bref que dût être mon séjour, je ne pouvais pas repartir sans avoir essayé de me faire une opinion sur les évenements qui se préparaient. De ma rapide enquête sortirent les six articles que je reproduis ici avec leur date à titre de document.

I

L'IMPUDENCE ALLEMANDE

Milan, 10 décembre 1914

On n'aura jamais tout dit sur l'effronterie de la propagande allemande, dans les pays neutres et particulièrement en Italie. L'imagination tudesque ne tarit pas. Elle se révèle, par ses dernières inventions, d'une étonnante fécondité dans la fourberie. Des amis milanais m'ont communiqué les documents qu'on va lire. Parmi tant d'autres, on jugera si ceux-ci valaient d'être recueillis.

On se souvient qu'au début de la guerre, nos ennemis, dans le dessein d'éblouir l'Italie et aussi de l'intimider, faisaient pleuvoir sur elle un déluge de fausses nouvelles. La France y était couramment représentée comme écrasée, ses armées comme incapables de tenir devant la valeur teutonne. Les Russes n'étaient que des capucins de cartes sur lesquels il suffisait de souffler. Quant à la « méprisable petite armée britannique », était-ce la peine d'en parler !

Ces mensonges apparaissaient trop gros; la trame en était trop épaisse. Non seulement les Italiens ne donnèrent pas dans les panneaux qu'on leur tendait chaque jour, mais ils souriaient de mépris devant d'aussi pauvres histoires. Quand la direction du *Berliner Tageblatt* eut l'idée de faire une édition italienne, dans les grandes villes, les vendeurs du journal durent s'enfuir pour échapper, sous les huées, aux coups de bâton. On comprit à Berlin et dans les officines allemandes qu'il fallait trouver mieux. Voici quelques-unes des dernières fables imaginées pour impressionner nos voisins. On pourrait les grouper sous trois points de vue :

Le point de vue économique;
Le point de vue sentimental;
Le point de vue politique.

Parmi les documents qu'ont bien voulu me communiquer des amis de la France à Rome, à Milan et à Turin (on m'a signalé aussi l'envoi, à Naples, de fort curieuses missives), certains sont écrits en italien et j'en traduirai deux pour nos lecteurs. Une lettre était rédigée en français, et je m'en voudrais de lui enlever, si peu que ce fût, de sa saveur *sui generis* :

M. Janensch Mahn, représentant de commerce, Spandauerstrasse, Berlin, écrit à un honorable négociant suisse fixé à Gênes et naturalisé italien depuis peu :

Honoré Monsieur;

La guerre que la faible France, poussée par les suggestions de l'infâme Angleterre, nous a déclarée obligerait les maisons avec lesquelles je représente (*sic*) de suspendre (*sic*) leurs transactions en Italie, si nous ne mettions pas par-dessus tout l'amour que nous avons pour votre beau pays. Vous avez beaucoup de compréhension (*sic*) pour ne pas être, étant un homme important dans votre pays, un soutien chaud de la paix. Vous savez bien que votre expédition africaine vous a fait dépenser des millions, que la crise de l'industrie continue encore chez vous pour la soie et le coton et que l'époque arrive où vos traités de commerce vont être renouvelés par votre grande amie l'Allemagne. Des hommes comme vous peuvent diriger dans votre rayonnement, une chaude influence pour la neutralité de votre beau pays et pour la paix prochaine à laquelle l'Italie reprendra alors (*sic*) toute sa prospérité.

J'aurai l'avantage d'aller vous saluer, dans le courant d'octobre, pour vous présenter de nouveaux articles et je vous causerai des choses qu'on peut faire pour la paix, maintenant que notre empereur achèvera d'avoir vaincu, par la puissance et la miséricorde de ses armes, et je vous salue avec une grande considération.

Pour M. Janensch Mahn,
P. BURGSTER.

Dans le mauvais français du voyageur de commerce de Janensch Mahn, il est aisé de discerner les inspirations puisées au n° 64 de la Wilhelmstrasse, à Berlin, au *Staatsministerium*. Rien, dans cette lettre, ne manque de ce qui peut produire de l'effet sur un esprit crédule. L'annonce de nouveaux articles et les suggestions en faveur des avantages d'une paix prochaine — le symptome est d'ailleurs intéressant à noter! — s'y marient agréablement. — M. Janensch Mahn n'ignore pas que son correspondant occasionnel, le négociant génois, est un homme fort considéré dans son milieu, et il pense que les charges fiscales, les aléas, les lourdes conséquences qui résultent d'une guerre doivent lui faire souhaiter la paix. A la lettre était joint un Exposé du mouvement économique en Europe et notamment de la situation de l'Allemagne, rédigé par le professeur Arthur von Gwiner, député au Reichstag, directeur de la *Deutschen Bank*, à Berlin. Cet exposé se termine ainsi :

« Après le succès colossal de l'emprunt de guerre allemand, nous pouvons dire que l'Allemagne est prête à faire face à toutes les éventualités, non seulement militairement, mais économiquement. *Elle n'a pas voulu la guerre;* mais maintenant qu'elle y est contrainte, on peut être sûr qu'elle la poursuivra jusqu'au bout et glorieusement. »

M. Arthur von Gwiner, qu'aucune témérité n'effraie, avance, en outre, que la situation économique de notre pays est si déplorable que la Banque de France n'ose plus publier ses habituelles indications financières. L'Angleterre n'est pas mieux traitée. La maîtrise des mers lui a définitivemente échappée; elle en est réduite à se faire défendre comme la France, « par une armée mercenaire, composée de peuples sauvages comme les Sénégalais et les autres Africains, parce qu'elle a perdu toute confiance en elle-même... »

« N'y a-t-il pas, dans tout cela, de quoi impressionner les commerçants et les industriels? » a dû vraisemblablement se demander le candide Janensch Mahn. Négligeant le point de vue économique, un autre Allemand, personnalité notoire d'Heidelberg, le professeur Wilhelm Salomon, de l'Université de cette ville, dans une *Lettre à ses amis d'Italie*, soutient hardiment, entre de perfides allusions aux incidents du *Carthage* et du *Manouba*, que les atrocités qui ont soulevé l'indignation du monde entier sont le fait non des Allemands, mais des alliés :

« ...Des chauvins, écrit-il, vous demandent de sortir maintenant de votre neutralité. Ce serait pour vos innombrables amis d'Allemagne une grande douleur de voir notre alliée choisir cette heure pour s'inféoder à nos ennemis, alors que, quand il fut question de régler les incidents du *Manouba* et du *Carthage*, nous étions derrière vous, prêts à vous soutenir les armes en main.

« Laissez-moi vous dire ce que j'aurai sur le cœur. Nos adversaires mettent en pratique le proverbe : « Calomniez audacieusement; il en restera toujours quelque chose ». Ils continuent à s'indigner des cruautés, des atrocités, de la barbarie, dignes des Huns, disent-ils, de nos soldats. Ce qu'il font, eux, ils le cachent ou le nient. Je puis vous certifier que des blessés allemands racontent tous les jours à ce sujet des choses épouvantables, qu'ils ont vues de leur yeux. Il n'est que trop vrai que les Français et les Anglais se sont servis de balles dum-dum, non sur toute la ligne de feu, mais dans le nord de la France, ce qui conduit à penser que ce sont les Anglais qui ont poussé à cette infâme violation du droit international et des conventions de Genève. Il est malheureusement trop vrai que les Français, les Belges et les Russes ont assassiné des médecins et des ambulanciers, non dans des cas isolés, mais le plus souvent. Il n'est que trop vrai que l'on a coupé les oreilles et crevé les yeux à nos blessés et que certains encore furent mutilés, d'une manière plus épouvantable encore et qu'il est impossible d'exprimer, tout particulièrement par des Belges et *par des femmes belges*, et que l'on peut adresser le même reproche aux Français, aux Serbes et aux Russes qui excellent dans l'art de violer et de mutiler les femmes et les enfants.

« C'est une chose épouvantable, mais cependant vraie, *que des soldats français ont enterré vivants, des blessés allemands.* Faudrait-il donc s'étonner si parfois, quelques uns de nos soldats, en présence de telles horreurs, s'étaient laissés aller à des représailles? Et cependant, aucun fait certain n'a pu être produit à la charge de nos armées... »

Avinain disait : « N'avouez jamais! »; il eût hésité, peut-être, à ajouter : « Si l'on vous accuse d'un crime, rejetez-le sans vergogne sur votre accusateur ». A lire cette lettre, répandue à des milliers d'exemplaires à travers la Péninsule, on se demanderait volontiers si elle est authentique et si ce n'est point quelque méchant tour joué au professeur Wilhelm Salomon. Mais celui-ci en a revendiqué hautement la responsabilité, en aggravant son cas, s'il est possible, par une réédition des accusations portées contre nos aviateurs qui, « avant la déclaration de la guerre, auraient jeté des bombes sur Nuremberg, ville sans défense et incomparablement riche en monuments artistiques ».

Ce n'est point seulement à la sensibilité ou aux intérêts immédiats que s'attaque le mensonge allemand. Le point de vue politique n'est pas négligé non plus. Depuis le début de la guerre, il n'y a pas de personnalité mondaine, littéraire, artistique, dans le commerce, l'industrie ou la banque, qui n'ait reçu ou ne se voie adresser directement de Berlin, avec le cachet du *Bureau des Deutschen Handelstages*, une petite publication allemande, rédigée à Berlin, en langue italienne, et qui s'appelle *Notizie informative su la Germania e la guer-*

ra. Inutile de dire qu'elle est envoyée gratuitement. On demande seulement aux personnes qui la reçoivent de donner la plus grande diffusion possible (*si prega di dare la maggiore diffusione*) à cette étonnante collection de mensonges, de faux et d'inventions intéressées. Les *Notizie informative* annonçaient, il y a quelques jours, le remplacement du général Joffre à la tête de nos armées parce que, déclarait l'inspirateur de la feuille, le généralissime déplaît aux radicaux et aux socialistes, notamment à MM. Guesde et Sembat. Joffre sacrifié, concluait on, c'est la fin de l'armée française, « et déja l'Angleterre commence à se repentir de sa perfidie. »

On voit trop où tendent ces niaiseries et le but de la médiocre fourberie de leurs auteurs. L'amusant, c'est que ces feuilles sont envoyées avec solennité à nos voisins par des maisons allemandes, qui n'en continuent pas moins à faire figurer, parmi les titres capables de les recommander à la bienveillance universelle, des diplômes et des médailles que la France leur a généreusement accordés. C'est le cas des frères Seck, usiniers à Dresde. Leur spécialité est l'installation des minoteries. L'en-tête de leur papier à lettres mentionne des récompenses obtenues à Paris en 1900 et aussi à Marseille. Sous cette égide, les frères Seck écrivent avec sérénité à M. F..., à Turin :

« *Monsieur,*

« Nos ennemis cherchent par tous les moyens, même au moyen des plus fantastiques mensonges, à égarer l'opinion des pays neutres, à faire croire que l'Allemagne a déchaîné la guerre actuelle; ceci pour justifier ou déguiser leurs infâmes actions.

« Nous nous permettons donc de vous envoyer, sous ce pli, un « petite » opuscule qui paraîtra périodiquement, à l'effet de vous instruire des vraies causes de la guerre et de vous tenir au courant de ses phases.

« Nous pensons qu'il sera pour vous intéressant de connaître la vérité sans fard et pour cela nous nous permettrons, sauf contre-ordre, de vous faire parvenir un numéro de chaque exemplaire.

« Agréez, etc.....

« Pour les frères Seck : O. DEVSCHOW. »

Pour y avoir vécu, M. F.... connaît la France et il l'aime. Une si grossière effronterie le révolta. De sa meilleure encre, il écrivit aux frères Seck, pour leur signifier qu'il n'était point leur dupe et les prier de garder pour eux le « petite opuscule ». Un peu après, il regretta sa décision, car, disait-il, j'ai ainsi perdu une excellente occasion d'apercevoir le fond de l'âme allemande et de me divertir!...

Faire entrevoir le fond de l'âme allemande et faire rire d'aussi sottes histoires, tel a été, jusqu'à présent, le plus clair résultat de l'avalanche de mensonges qui, chaque jour, s'abat de l'Allemagne sur l'Italie. Des centaines de lettres, comme celle qu'on a pu lire, arrivent chaque jour chez nos voisins. Neuf fois sur dix, elles n'y provoquent que des haussements d'épaule, ou quand l'invention est trop grotesque, une vive hilarité. Nos voisins se disent entre eux : « Qui veut trop prouver ne prouve rien. » Et il s'en trouve qui ajoutent : « Faut-il que la cause allemande soit mauvaise pour qu'on la défende aussi impudemment! » Un statisticien a calculé que, depuis le début des hostilités, sa propagande par lettres, bulletins d'informations, affiches, placards tendancieux, petits journaux ressuscités ou créés, impostures éditées, coûte à l'Allemagne une dizaine de millions de marks. Que voilà donc de l'argent inutilement dépensé!

———

II

LA NEUTRALITÉ DU VATICAN

Rome, le 15 décembre.

J'avais été désagréablement impressionné par un bruit qui court à Rome, et je voulus en avoir le cœur net... Vous ne pouvez faire un pas dans la Ville éternelle sans entendre répéter que le monde catholique et le Vatican, celui-ci donnant l'exemple, sont ouvertement contre les alliés dans la guerre actuelle, et que, non contents de souhaiter leur défaite, ils favorisent secrètement leurs ennemis.

L'accusation est grave. Mais je suis de ceux, qui, avant de condamner les gens, estime qu'il est équitable de les entendre. J'allai donc voir, dans la retraite où la règle de son Ordre le confine, un religieux dont il m'avait été donné jadis de connaître la famille. Ses premiers mots furent :

— Je suis bien content de voir un compatriote. Donnez-moi vite des nouvelles de France. Cela va bien, n'est-ce-pas? *Nous serons vainqueurs?*

— En France, tout le monde en est sûr. A Rome, on l'est moins, paraît-il.

Le religieux sourit. Les sourires des religieux sont pleins de choses. Je pressai de questions celui dont le sourire m'intriguait. Il finit par me dire :

— Allez donc voir en sortant d'ici le cardinal Gasparri, le nouveau secrétaire du Saint Siège. Parfaitement. Lui seul a qualité pour répondre. Mes sentiments à moi, ai-je besoin de vous les exprimer?

— Vous croyez qu'on peut voir si facilement le cardinal Gasparri?

— Essayez donc et vous verrez. Je serais bien surpris si, de toute façon, vous regrettiez votre visite.

Quelques instants après, j'étais au Vatican; mais à cette heure, la secrétairerie de sa Sainteté, comme on dit ici, était fermée. A l'huissier de service, je laissai donc un mot pour informer Son Eminence que, surpris et peiné par les bruits qui couraient sur l'attitude du Saint Siège, je serais heureux d'obtenir de la bouche du cardinal quelques déclarations à cet égard.

— Revenez demain entre six et sept heures, — m'avait dit l'huissier.

Le lendemain, j'arrivais au moment indiqué, me demandant :

— Vais-je être reçu et quand?

Mon incertitude ne dura point. Dejà, après un regard jeté sur ma carte de visite, deux huissiers me débarrassaient de mon pardessus; un officier des gardes nobles me saluait majestueusement; et, s'empressant, un jeune prêtre me conduisait vers une nouvelle antichambre dans laquelle, au pied d'un admirable Christ d'ivoir, dressé sur une table magnifique, était posée la barrette rouge du cardinal. Deux autres salons suivaient somptueux aussi d'apparence dans leurs tentures de damas écarlate rehaussées encore par l'électricité de hauts candélabres. Et avant que je fusse remis de mon étonnement, je me trouvais devant le cardinal Gasparri.

J'étais venu en veston pour chercher une réponse à ma lettre d'audience, ne pensant pas, même dans l'hypothèse la plus favorable, être reçu le jour même. Je m'excusai de mon mieux... Mon. Gasparri m'interrompit :

— Vous êtes très bien comme cela... Parlons, je vous prie, d'affaires plus importantes.

Je repris la thèse de ma lettre en indiquant à mon

interlocuteur que la plupart des catholiques en France se sentaient troublés à la pensée que le Saint Siège, ouvertement ou non, pouvait être dans la crise actuelle contre leur patrie.

Le prélat avait pris place sur un canapé, après m'avoir indiqué un fauteuil et il m'écoutait avec attention. La physionomie du nouveau secrétaire du Vatican est un mélange de gravité et de finesse. Une double impression s'en dégage de force, d'intelligence calme et pénétrante. Parfois, s'y ajoute, sous l'effet du sourire, la grâce d'une bienveillance familière. A dire vrai, le calme et la finesse prédominent. Ah! qu'il y a de l'esprit dans ces yeux clairs dont on sent que la vision nette n'apporte au cerveau que des sensations exemptes de trouble et de préjugés! Pour l'instant, apparaissait comme une ombre de tristesse sur les traits de Mgr. Gasparri et une sorte de solennité l'envahit lorsque, se redressant sur son siège, il me dit d'une voix forte en détachant les mots :

— Je suis bien heureux, Monsieur, qu'un journaliste français me fournisse l'occasion de rétablir la vérité en coupant court à des bruits calomnieux. Je proteste hautement contre les affirmations de ceux qui représentent le Saint Siège et la presse catholique, en Italie et surtout à Rome, comme prenant contre la France, le parti de l'Autriche et de l'Allemagne. Le Saint Siège et la presse qui suit nos directions observent et garderont la plus absolue neutralité. Ceci pour des raisons supérieures qu'il est très facile de comprendre.

Au dernier mot, le cardinal s'était levé. Il prit sur son bureau l'organe officiel du Vatican, *L'Osservatore Romano*, et continua :

— Je crois que vous parlez l'italien. Lisez donc, je vous prie, l'avis officiel qui est inséré en tête des colonnes de ce journal, lisez-le...

A la deuxième colonne de la première page, en caractères gras, je pus lire en effet :

« *L'Osservatore Romano, fidèle au programme de stricte impartialité qu'il s'est proposé de suivre depuis le début du conflit actuel, publie les télégrammes qui lui sont communiqués relativement à la guerre par l'Agence Stefani à titre de simple information pour ses lecteurs et sans assumer le moins du monde la responsabilité des nouvelles qui y sont contenues.* »

Le cardinal reprit :

— Il eut peut-être suffi de publier une fois pour toutes cet avis officiel car, quant on dit une chose, elle est dite. Pour éviter jusqu'à l'ombre d'un reproche, le même avertissement paraît en tête de chaque numéro, ce qui est peut-être même excessif. Nous préférons cependant ceci à l'équivoque. De même, chaque dépêche que le journal publie indique toujours son origine : *De source française; de source allemande, de source russe,* etc. Il faut bien que l'on comprenne, que si l'Eglise, dans l'épouvantable conflit, ne peut prendre parti ni pour un camp ni pour un autre, puisque des deux côtés, hélas! il y a de ses fils, du moins s'interdit-elle rigoureusement de favoriser l'un ou l'autre. Elle se borne à souhaiter que la paix, la concorde, l'amour remplacent bientôt la guerre et ses calamités. Dieu fasse que ce soit bientôt!

Le prélat m'expliqua encore que le Saint Siège, bien que la guerre eût considérablement tari les sources du denier de Saint-Pierre, avait envoyé par les moyens les plus rapides et, dès les premières graves nouvelles, seize mille francs de secours en Belgique, que le Sacré Collège avait fait parvenir trois mille francs...

Et — fut-ce rencontre, indication fugitive? parce que le tour de la conversation ramenait sa pensée sur la Belgique et la France par le lien mystérieux qui unit toujours la souffrance à la sympathie et à l'amour? — Monseigneur Gasparri acheva :

— La neutralité du Saint Siège n'empêche point que nous n'ayons nos sentiments.

En toute simplicité je demandai :

— Eminence, dans le conflit actuel, le Saint Siège considère toujours que la France est la fille aînée de l'Eglise?

La réponse fut aussi naturelle que la question :

— Le Saint Siège n'oublie point que la France est la fille aînée de l'Eglise.

— Votre bienveillance m'enhardit alors, Eminence, à vous dire toute la vérité. Voulez-vous me le permettre ? — repris-je.

En songeant au reproche que j'allais formuler, je me sentais, à vrai dire, un peu gêné. Mais de son fin sourire, de son geste accueillant, le cardinal me donnait si clairement l'autorisation souhaitée que je n'hésitai plus.

— On a trouvé, Eminence, que le Saint Siège avait trop tardé à protester contre le bombardement de la cathédrale de Reims.

— Non, — déclara nettement le secrétaire d'État, — nous n'avons pas tardé. Aussitôt que nous avons eu confirmation de la nouvelle, le Saint Père a écrit à l'Archevêque de Reims, le cardinal Luçon. Cette lettre, recommandée, s'est arrêtée à Tours. Pourquoi est-elle allée à Tours? nous nous le demandons encore. Au bout de vingt jours, apprenant que le cardinal Luçon ne l'avait point reçue, nous l'avons publiée dans les journaux. Voilà la vérité. Il n'y a pas eu de notre faute, vous le voyez.

Ces déclarations de Mgr. Gasparri éveillaient en moi un souvenir. Deux ou trois jours auparavant, parlant déjà du bombardement de Reims avec Mgr. Guthlin, le distingué supérieur de la Collégiale de Saint Louis des Français à Rome, celui-ci m'avait dit :

— Ne croyez pas que le Pape ait mis à protester aucun retard. Le lendemain du bombardement, il se trouva que, avec quelques ecclésiastiques qui s'en souviennent comme moi, j'avais audience du Saint Père. Il venait d'apprendre la nouvelle et s'en montrait très ému. Il nous annonça sa protestation et sa lettre au cardinal Luçon, en souhaitant que toutefois la triste nouvelle fut démentie.

J'allais lui raconter cette anecdote, quand le cardinal s'écria avec vivacité :

— C'est comme pour notre dernière lettre à l'archevêque de Lyon. Est-elle arrivée celle-là? Nous nous

SERGE BASSET — *L'Italie en armes.* 3

le demandons. Dans un récent message adressé au Saint Siège, le cardinal Sévin exprimait les mêmes inquiètudes que vous tout à l'heure. Je lui ai répondu par courrier en lui demandant de donner à cette réponse la plus grande publicité possible puisqu'il s'agissait de montrer à tous quel est notre constant souci de la neutralité du Saint Siège. Le texte de cette protestation est à la secrétairerie d'État. Pouvez-vous revenir demain dans la matinée? Je vous le communiquerai.

Le lendemain à l'heure fixée, je retournai donc au Vatican, charmé de la bonne grâce avec laquelle Monseigneur Gasparri supprimait en faveur d'un Français les formalités de l'étiquette et réduisait au minimum le protocole du Vatican. Le cardinal était en conférence avec d'autres membres du Sacre Collège que je vis un instant après passer salués jusqu'à terre par des visiteurs qui, comme moi, attendaient audience. La porte des grands salons s'ouvrit. Le cardinal secrétaire d'État apparut souriant, drapé dans le grand manteau rouge des *porporati*. Il me fit signe d'avancer :

— Je m'excuse de vous avoir fait attendre, — me dit-il; — mais, une affaire importante me retenait.

Je le suivis dans son cabinet où un secrétaire accourut et le débarrassa de son manteau de cérémonie. Toujours souriant, le cardinal prit dans un dossier une feuille de papier chargé de dactylographie.

— Voici une copie de la lettre à l'Archevêque de Lyon. Ecoutez-là et vous verrez si nos déclarations sont nettes.

De sa voix calme et pleine, soulignant d'une infléxion qu'il jugeait essentielle, il me lut la lettre qui suit :

Du Vatican, le 22 Novembre 1914

A S. E. le Cardinal Sévin - Archiprêtre de Lyon.

Eminentissime Seigneur,

J'ai bien reçu la lettre que votre Eminence m'a fait l'honneur de m'adresser le 12 novembre courant et que

je me suis empressé de placer sous les yeux du Saint
Père.

Le Souverain Pontife n'a pas pu ne pas éprouver
lui-même une fâcheuse impression à la lecture de la seconde partie de cette missive, et il me charge de vous
manifester la peine qu'il en a éprouvée.

Votre Eminence n'ignore pas en effet que, dès le
début de la guerre actuelle, le Saint Siège embrassant
dans une même sollicitude les pasteurs et les fidèles de
l'Eglise universelle, s'est proposé de garder et a constamment maintenu l'impartialité la plus stricte et la plus
absolue à l'égard des différentes nations belligérantes,
et qu'il l'a recommandée d'une manière péremptoire à
la presse catholique, à celle de Rome en particulier.

Je puis vous assurer que ces directions et ces conseils
du Saint Siège ont été constamment suivis, soit par l'*Osservatore Romano*, qui est sous sa dépendance directe,
soit par le *Corriere d'Italia*, principal organe de la « So-
cietà Editrice ».

Aussi bien, sommes-nous prêts à communiquer à
votre Eminence tous les documents qu'elle désirerait et
qui prouvent cette affirmation.

Votre Eminence me dispensera de citer des journaux catholiques de moindre importance, journaux de
province qui échappent à la surveillance immédiate du
Saint Siège, et dont la responsabilité ne saurait évidemment retomber sur Lui.

Et, par rapport à ces derniers, je puis vous assurer
pareillement qu'ils n'ont pas manqué de s'en tenir à
ces directions surtout après avoir été, dans des cas assez
rares, rappelés à leur devoir.

En ce qui concerne l'assertion que des prélats, à
Rome même, n'auraient pas tenu compte des recomman-
dations du Saint Siège, elle n'est pas conforme à la vérité. Il serait bien difficile à votre Eminence de pouvoir
citer le nom d'un seul prélat de Rome qui aurait publié
des vœux contraires à la France.

Nous savons bien d'où proviennent et d'où partent
les calomnies qui sont répandues en France et auxquel-

les, on doit le constater à regret, on ajoute trop foi parmi les catholiques eux-mêmes.

Sa Sainteté désire vivement que votre Eminence donne à cettre lettre la plus grande publicité, afin d'éclairer et de rassurer l'esprit public et l'opinion catholique, et de dissiper les calomnies et les nouvelles tendancieuses qui ont été répandues, ou qui pourraient l'être au sujet de l'attitude du Saint Siège dans les graves conjonctures présentes.

Veuillez agréer, Eminentissime Seigneur, l'hommage de la vénération profonde avec laquelle j'ai l'honneur d'être

de Votre Eminence, le très humble et très obéissant serviteur,

Signé : P. Card. *Gasparri.*

Par instants, le prélat s'interrompait pour me signaler, en les corrigeant à la plume, les fautes du dactylographe.

— Je vous demande de publier cette lettre, Monsieur, — me dit-il en terminant. — Il est bon, il est nécessaire; qu'on sache la vérité.

Et après quelques minutes de conversation pendant laquelle il exprima le regret que les puissances belligérantes n'eussent pas consenti à la trêve d'armes, que Benoît XVI leur demandait pour les fêtes de Noël, le cardinal secrétaire d'État me tendit la main, en me souhaitant avec une pointe de cordialité un heureux retour en France.

Je remarquai, en m'en allant, que, ce matin comme la veille et bien que je ne fusse pas arrivé le premier, j'avais été reçu avant tous les autres par Mgr. Gasparri. Je me persuadai que le ministre d'État du Saint Siège qui avait déjà si obligeamment supprimé pour moi tout protocole en avait ainsi décidé parce que, d'entre les visiteurs qui sollicitaient l'honneur d'être admis ces deux jours là à son audience, j'étais le seul qui fût Français. Et il me parut qu'il y avait là plus qu'une coïncidence...

III

A LA MANIÈRE DE TARTUFFE

Rome, 20 décembre.

L'Allemagne a deux manières. Elle cambriole ou elle s'insinue. Elle assassine ou elle capte. De la première manière, l'héroïque Belgique est un vivant témoignage. La seconde peut s'étudier lumineusement en Italie.

Depuis vingt ans, l'Allemagne essaie d'envelopper, disons mieux, de garrotter la péninsule dans un filet aux mailles serrées. Dès l'arrivée au pouvoir de Francesco Crispi, l'Allemagne et ses agents ont tissé le filet, maille à maille, avec une inlassable patience et un véritable génie, s'il est permis de profaner ce mot en l'appliquant à des œuvres mauvaises. Son but était de placer à jamais l'Italie sous le joug, en essayant de la conquérir économiquement, et de la placer par là dans une telle dépendance que, dans toutes les conjonctures, la nation trop confiante en fût réduite à voir par les yeux de sa perfide alliée.

Que fallait-il pour cela? Mettre la main sur quelques-unes des forces vives de l'Italie, son industrie, son commerce, sa banque. On aurait ainsi raison, pensaient les Teutons, de son farouche amour pour l'indépendance, de sa générosité d'âme, de sa noblesse de pensée.

L'ITALIE EN ARMES

Sous le titre alléchant de *Banca commerciale italiana*, un puissant organisme financier fut créé, sur une initiative allemande, avec une majorité de fonds allemands, sous une direction et un contrôle mixtes. Elle compte aujourd'hui trente-deux succursales, entre Turin et Palerme. Dans la pensée de ses fondateurs, la *Banca commerciale* devait être l'instrument de l'influence tudesque en Italie. Elle est entrée en participation dans plus de cinquante des grandes sociétés industrielles de la péninsule et ses relations avec les petites banques développent singulièrement sa sphère d'influence. En même temps qu'elle croissait, elle ouvrait toutes grandes les portes de l'Italie aux produits germaniques. Elle signalait des débouchés, créait des rapports, devenait un perpétuel et puissant trait d'union...

Ainsi encouragés et favorisés l'industrie et le commerce allemands étendaient leurs tentacules sur l'Italie. A l'heure actuelle, — ai-je besoin de dire que tout ce que je rapporte ici a été puisé à des sources sûres : personnalités dûment renseignées, négociants estimés, chambres de commerce? — on peut dire sans exagération que si, à Turin, par exemple, un gros quart du commerce est entre les mains des Allemands, à Milan, — le grand centre d'affaires de l'Italie, — ce sont les trois quarts, à peu près, qu'ils détiennent. Rien qu'à Milan — que dans l'intimité ils ne se gênent point pour appeler *notre* Milan — il y a plus de dix mille Allemands qui achètent, vendent, trafiquent, intriguent, mentent, regardent, surveillent. Deux jours avant la guerre, la plupart avaient regagné leur pays d'origine... Ils sont tous revenus!

Alors que l'on compterait avec difficulté six à sept mille Français (en y comprenant prêtres et religieux), du nord au sud de l'Italie, on peut évaluer à soixante ou même soixante-dix mille le nombre d'Allemands qui y vivent, tous pénétrés de la grandeur de leur mission à l'étranger, et dont aucun ne se couche sans murmurer, le soir, sur son oreiller, en guise de prière : *Deutschland über alles...*

Tout en reconnaissant l'écrasante supériorité de

nos produits, nos voisins d'outremont adressent à nos fabricants certains reproches : leur lenteur dans la livraison, la cherté parfois, le crédit un peu court, etc. Ces griefs, la *Banca commerciale* ne les ignore pas. Sa première préoccupation est de les épargner aux fils de la Germanie. Je me borne à transcrire, sur ce point, les renseignements qui m'ont été fournis par une haute personnalité :

« La Banque commerciale italienne encourage, facilite le commerce allemand en Italie, de manières différentes :

« Un industriel allemand désireux d'importer ses articles en Italie demande, d'abord, des renseignements à la Banca Commerciale Italiana, et s'y fait ouvrir un compte. La Banque lui adresse toutes les indications utiles concernant l'importation et, après avoir elle-même pris des informations sur l'industriel, ouvre le compte demandé.

« L'industriel remet traites et factures de ses envois à la Banque (*peu de traites, les Italiens ne les aiment pas*); le client n'a plus qu'à verser le montant de sa facture ou acompte au crédit du compte de son fournisseur, dans le bureaux de la Banca Commerciale Italiana, qui, à son tour, crédite son client en Allemagne.

« S'il est besoin, la Banca Commerciale Italiana paie les factures à l'industriel avant de les avoir encaissées.

« Souvent aussi, la Banca Commerciale Italiana avance des fonds aux industriels allemands proportionnellement au montant des importations projetées.

« La Banca Commerciale Italiana fait également toutes autres opérations de banque, mais sa branche commerciale (plus exactement pour la propagation du commerce allemand en Italie) pour laquelle elle a, naturellement, *un personnel spécial*, laisse beaucoup de bénéfices. »

A ces renseignements, mon aimable informateur aurait pu ajouter que, quand il le faut, les Allemands sont prêts à tous les sacrifices pour supplanter un rival ou enlever une situation commerciale. Il n'est pas rare de voir nos ennemis *vendre plus cher chez eux les produits*

qu'ils exportent, en Italie, au plus bas prix. De l'autre
côté du Rhin, on estime que le quintal métrique de certains produits des fers et aciers revient à 170 marks; on
transporte ces mêmes produits en Italie en les laissant à
70 marks. Une prime, payée par Berlin, rétablit l'équilibre entre les deux prix. M. S..., un bon Français qui
défend vaillamment nos intérêts là-bas, me contait, l'autre jour, l'amusante histoire d'un voyageur de commerce prussien qui offrait à un fabricant de timbres en caout-
chouc, pour obtenir sa clientèle, *de lui rembourser, de
sa poche*, la différence entre les prix de sa maison et
d'une autre maison française. Excédé, le fabricant finit
par lui dire :

— Vous êtes trop désintéressé pour être honnête!

De cette engeance, sait-on quelle est la proportion,
par rapport aux voyageurs des autres pays? *De trente
pour un*. On répétait autrefois que c'était l'instituteur
teuton qui avait vaincu à Sadowa et à Sedan. Il serait
plus exact d'affirmer, aujourd'hui, que les commis-voya-
geurs allemands sont, dans tous les pays, les fourriers
de la domination tudesque, quand ils ne constituent pas
l'avant-garde de l'invasion.

Plusieurs compagnies d'assurance, d'origine a-
vouée ou secrète, se sont également fondées, en Italie,
sur des initiatives de Berlin, et elles prospèrent grâce à
des tarifs particulièrement complaisants et aux avantages qu'elles offrent aux clients alléchés. On devine quelle source de renseignements peuvent constituer, le cas
échéant, les dossiers des compagnies d'assurance où
tient souvent une partie de l'intimité des familles.

Un fait encore, et bien symptomatique, m'apprenait un Français établi depuis plusieurs années près de
Rome. Faites donc un tour dans certains hôtels. Vous
serez surpris des figures que vous y rencontrerez. Neuf
fois sur dix, après cinq minutes, vous direz : « Cela sent
l'allemand, ici. »

Je n'ai pas eu le loisir d'instituer sur ce point une
véritable enquête, d'ailleurs difficile, parce qu'un brave homme, Suisse, Belge ou Italien, peut avoir été gra-
tifié, par une malice de la nature, d'une tête de Boche.

Cependant, dans trois ou quatre hôtels, où l'on me conduisit, quelles figures louches ou haineuses j'ai entrevues! Et ceci m'amène à l'inévitable et à la brûlante question de l'espionnage allemand en Italie.

On sait quelles étaient, sur ce point, les conceptions de Stiéber, le grand organisateur de l'espionnage de l'Europe sous Guillaume I et Bismarck. *Un Allemand qui vit à l'étranger manque aux plus élémentaires devoirs du patriotisme s'il ne constitue pas* ipso facto *une source de renseignements.* Sur la soixantaine de mille Teutons qui vivent en Italie, combien y en a-t-il qui, en passant, en mission, à poste fixe, voyageurs, employés de commerce, d'administration ou d'assurance, garçons ou gérants de café, de restaurant ou d'hôtel, ont été placés là pour assurer à la patrie allemande ce que M. de Puttmaker, alors ministre de l'Intérieur, appelait un jour avec sérénité, du haut de la tribune du Reichstag : *Les bienfaits d'une information utile!* Le bulletin mensuel de la Chambre de commerce française de Milan (si remarquablement conçu et rédigé) signalait, quelque temps avant la guerre, la fondation d'un « Syndicat allemand pour le service des renseignements à l'étranger » (*Auslandsnachrichtendienst*). Ce syndicat, fondé sans bruit, *ganz im stillen,* comme l'annonçait la *Deutsche Export Revue,* avait pour but « d'étendre son activité sur le monde entier ». On devine aisément ce qui se cachait sous ce titre.

Mais voici plus fort. Il y a quelques semaines paraissait, dans plusieurs journaux suisses, cette curieuse annonce :

« On cherche à acheter un tout petit commerce dont le propriétaire actuel (*qui doit porter un nom italien ou français*) s'engagerait à rester encore un certain temps. Parfumerie ou droguerie, de préférence. Ecrire sous les initiales.... à l'Agence X. »

Deux négociants piémontais voulurent se rendre compte de ce qu'on leur proposait. Ils écrivirent à l'adresse indiquée et reçurent les propositions d'un Badois à qui, après dix minutes de conversation, ils ne tardèrent pas à exprimer, dans les termes qu'il fallait, leur surprise et leur mépris. Sous le couvert d'un nom italien *ou même d'un nom français* — vous jugez de cette particulière audace! — le Badois eût assuré le transit d'une importante contrebande de guerre. Aux protestations des négociants italiens, l'Allemand répondit, sur un ton de menace :

— Prenez garde! Si l'Italie montre les dents à l'Allemagne, celle-ci saura lui rendre, au centuple, ses mauvais procédés lors du renouvellement prochain de vos traités de commerce...

Le patriotisme italien sait le cas qu'il convient de faire de cette jactance! En réalité, le mauvais coup des Allemands a échoué. La plupart des hommes d'État de l'Italie ont deviné et senti le danger que suspendrait sur leur pays la prépondérance de l'Allemagne, dans le domaine économique comme dans le domaine politique. Ils n'ignorent pas qu'on peut apercevoir la main de cette singulière alliée dans nombre de leurs embarras et que, notamment, une enquête approfondie sur les récents troubles de la Romagne a laissé apparaître, sur ce point, des faits étrangement significatifs.

Quelques habiletés que s'ingénie à mettre en œuvre M. de Bülow, l'Italie y voit clair maintenant : elle ne se laissera ni gagner, ni intimider.

De grandes banques nationales luttent vaillamment contre les capitaux allemands. En attendant des jours prochains et glorieux, notre sœur latine oppose aux astuces de son ancienne alliée une ferme résolution de neutralité. L'histoire récente des quatre-vingt wagons de riz arrêtés au moment de leur départ pour Domodossola, et des stocks de cuir pour chaussures militaires (il y en avait pour quatre millions, *payés d'avance et en or*), arrêtés et consignés à la frontière, témoignerait hautement, s'il le fallait, de la scrupuleuse correction de l'Italie. Elle fait plus : du sang généreux de ses plus nobles fils, des petits-fils de Garibaldi et de leurs compagnons, elle cimente une union qui, chaque jour, lui apparaît mieux l'indispensable garantie de ses intérêts et de sa gloire. Elle a vu le jeu de Tartuffe, pénétré ses traîtrises et, quoi qu'il fasse, elle s'en détourne avec dégoût. Le jour n'es pas loin où, reprenant pour son compte un vers de Molière, elle montrera ses frontières à cette amie trop suspecte, en lui disant :

« La maison est à moi; c'est à vous d'en sortir... »

Ce jour-là marquera une des plus glorieuses dates de l'histoire d'Italie.

IV

LES EMBARRAS DE M. DE BULOW

Rome, 20 décembre 1914.

Je n'ai pas eu la curiosité d'aller voir arriver le prince de Bülow. Cette arrivée, au reste, a été aussi discrè-
te que possible. L'ex-chancelier de l'Empire a trop le
sentiment des difficultés de sa mission pour avoir songé
à une entrée solennelle dans la capitale du royaume. Il
vient ici pour persuader. Sa constante préoccupation sera donc d'éviter tout ce qui pourrait effaroucher les légitimes susceptibilités italiennes.

Des journaux suisses ont raconté que l'impératrice
d'Allemagne, recevant la princesse de Bülow, d'origine
italienne, avant son départ, lui aurait dit :

— L'Italie ne peut pas oublier que vous êtes sa fille comme elle est, en un sens, celle de l'Empire. Le prince saura, nous l'espérons, le lui rappeler...

Si le propos a été tenu, il a dû amener un sourire de
mélancolie sur les lèvres de l'ex-chancelier. Cette phrase témoignait en effet que ni l'impératrice, ni peut-être
Guillaume II ne se doutent des difficultés aigües auxquelles se heurtera chaque jour le nouvel ambassadeur
d'Allemagne.

Lorsqu'on apprit en Italie les premières atrocités
allemandes, la mordante feuille satirique l'*Asino* publia,

en première page, un dessin représentant Guillaume II se regardant avec complaisance dans une glace. L'étain de celle-ci lui renvoyait, squelettique et grimaçante, l'image de la Mort. S'imaginant sans doute être à Berlin, von Flotow porta plainte contre l'*Asino* pour offense à la majesté impériale. A l'occasion de l'arrivée de M. de Bülow, l'*Asino* a spirituellement récidivé. Cette fois encore, le kaiser, en grand costume de cérémonie, couronne en tête et sceptre en main, se regarde dans une glace et dans celle-ci surgit la stature d'un bandit de la Calabre. M. de Bülow ne protestera point contre la caricature vengeresse. Son esprit délié jugera qu'il a autre chose à faire et d'autres plus pressants soucis.

Il aura d'autant plus à cœur de ménager la presse, et, avec elle, l'opinion publique qu'il souhaite qu'on oublie une interview fâcheuse accordée par lui naguère à un publiciste norvégien, M. Björnson. Il se laissa aller, à cette époque, à des déclarations qui étonnent, chez un homme aussi prudent. Il affirma, entre autres choses :

« La grandeur de l'Italie est liée à nos armes. L'affaiblissement de l'Allemagne aurait sur la situation de l'Italie dans la Méditerranée et sur sa composition territoriale une désastreuse réaction. L'indépendance de l'Italie, son unité même disparaîtraient en même temps que la puissance allemande. »

Ce langage a profondément blessé nos voisins. J'ai encore dans l'oreille les exclamations indignées d'un industriel piémontais avec qui je parlais :

— De quoi se mêle ce Teuton? Est-ce qu'il pense que sa femme, la princesse Camporeale, lui a donné, avec sa dot, un droit de tutelle sur l'Italie?

Le prince de Bülow n'a point ignoré l'irritation causée par son attitude.

Qui a-t-il pour lui et avec lui dans son entreprise? Les partisans de la neutralité quand même, c'est-à-dire les socialistes révolutionnaires, le monde catholique (et encore je note, de ce côté, quelques dissidences chez les démocrates chrétiens), une notable partie des libéraux, l'aristocratie romaine, les financiers relevant de la *Banca Commerciale* (le grand instrument de domination de l'Allemagne en Italie), des industriels, des commerçants qu'effraient les charges et les conséquences économiques de la guerre.

Contre lui, contre l'Allemagne, contre une inaction qu'ils estiment déshonorante ou dangereuse pour les vrais radicaux ,les républicains, le groupe nationaliste, les socialistes réformistes, l'irrédentisme qui se réveille, tous les intellectuels, les esprits les plus avisés et les plus généreux de l'Italie. Entre les deux camps, le ministère Salandra tient la balance, prêt à faire pencher, comme on pense, le plateau du côté qui lui semble le plus avantageux.

La partie est complexe et rude. Entraîner l'Italie dans une action contre la Triple Entente? M. de Bülow y voit trop clair pour y songer. Le cynisme et la brutalité de l'Allemagne déchaînant, sans daigner consulter l'Italie, son alliée, les calamités d'une guerre mondiale, ont provoqué à travers toute la péninsule une explosion de sentimens qu'il serait dangereux de braver. L'ex-chancelier a compris que tout ce qu'il peut raisonnablement tâcher d'obtenir, c'est le maintien d'une indolente neutralité, et, avec le temps, avec beaucoup de caresses et de promesses, une neutralité secrètement favorable aux Allemands. Mais là encore, que d'obstacles!

Poser la question d'une véritable neutralité, le chancelier ne le pourra vraisemblablement pas — du moins dans toute sa rigueur. Ce qui lui est plus facile, ce à quoi toute son activité va se dévouer, c'est d'atteindre sournoisement ce but. Depuis le départ de l'indolent général Grandi, une activité fiévreuse est déployée dans les milieux militaires. Sous la vigoureuse impulsion du général Cadorna, chef de l'état-major général, et du général Zupelli, le nouveau ministre de la Guerre, s'achèvent d'importants préparatifs. A Terni, où l'on fait des canons; à Udine, où s'élaborent les plans des chemins de fer stratégiques, à Isola del Liri, où se fabrique de la poudre, on travaille jour et nuit. Les desseins de M. de Bülow tendront à retarder, à entraver, à annihiler tout cela, de façon à empêcher l'Italie d'être prête pour les grandes conjonctures où l'engagent sa générosité et son destin.

Une grande préoccupation de l'Allemagne, en ce moment, est le blocus effectif qui suspend sur elle la double menace de la faim et d'une indigence d'approvisionnements militaires. En même temps qu'il se répandra dans les salons, empressé et beau diseur, M. de Bülow essaiera, par ses agents secrets, de ressusciter sous mille formes cette contrebande de guerre qui pensa, un instant, ravitailler l'Allemagne. Là encore, il se heurtera au ferme propos de probité du gouvernement italien autant qu'à la vigilance de nos agents diplomatiques. De sérieuses déceptions attendent sur ce point les tripoteurs allemands.

— M. de Bülow arrive les lèvres débordantes de promesses et les mains pleines, dit-on couramment en Italie. Il ressemble à un marchand d'oranges sûres.

La raillerie frappe juste. Que peut, en réalité, promettre ou donner l'ambassadeur? Il a offert ses bons offices pour l'incident d'Hodeïdah. Et après?... On a parlé de Trieste et de Trente, et dans le démenti même, si empressé, de l'ambassadeur, on pourrait voir une confirmation de ce bruit. Suffit-il de faire miroiter aux yeux de nos voisins le retour à l'Italie des *terre irredente*? Ou de promettre, le cas échéant, la domination sur la Méditerranée ou une sérieuse « rectification de frontière » (traduisez: prise de possesion) en Tunisie? Le bon sens de nos voisins saisit parfaitement que si, par un détestable coup du sort, la coalition austro-allemande triomphait, Trieste et la domination sur la Méditerranée seraient pour l'ambition tudesque la moindre des exigences. Si, au contraire, l'équitable destin couronne l'héroïsme des armées alliées, où serait l'effet de telles promesses? *Adieu veau, vache, cochon, couvée...* L'Italie resterait avec la honte de s'être laissé duper et l'amer regret d'avoir manqué l'heure d'une rayonnante entrée dans l'Histoire.

M. de Bülow perçoit tout cela. Il n'ignore rien non plus de la secrète défiance qui a saisi l'Italie à la nouvelle de sa mission. *Pasquino*, un autre journal satirique de

Rome, traduisait, dimanche, cette impression, en représentant le kaiser congédiant, d'un geste imperieux, son envoyé, et lui dictant son devoir :

— Va-t-en à Rome et deviens-y le président du Conseil!

Ni de loin, ni de près, le nouvel ambassadeur ne dirigera les conseils des ministres à Rome. Notre sœur latine n'entend pas être conduite à sa perte comme la Turquie. Justement jalouse de son indépendance, elle ne souffrira point que personne y attente. M. de Bülow sera entouré de prévenances. Sa perspicacité ne tardera pas à discerner, derrière l'empressement et les amabilités de M. Salandra, comme dans l'accueil plus réservé de M. Sonnino, la même constante pensée : « Les temps de la Triplice sont révolus. Nous n'admettons plus d'autres suggestions que celles de nos sentiments et de nos intérêts. Notre politique sera désormais celle des mains libres. » Quoi qu'il fasse, quelques forces mauvaises qu'il essaie de mettre en œuvre, de cruelles déceptions attendent M. de Bülow. Son échec est certain. Il aura de plus la tristesse de voir, de jour en jour, s'éloigner de lui et de ses perfides conseils l'Italie dont le cœur va à d'autres. Il était venu pour tenir, auprès de la jeune nation, l'emploi des Lovelace. Avec amertume, il apercevra bientôt qu'il joue les Bartholo.

---

¹ Moins de six mois après, l'évenement prouvait à quel point l'envoyé spécial du *Petit Parisien* avait vu juste!

V

L'INTERVENTION DE L'ITALIE

Rome, 23 décembre 1914.

Le hasard m'a fait rencontrer ce matin, flânant devant les débris du temple de Castor et Pollux, un ancien diplomate, le prince T..., que j'ai eu l'honneur de connaître à Vienne où, ces dernières années, il occupait une importante situation. C'est certainement un des hommes les mieux informés des dessous de la politique européenne et, dans la crise actuelle, la neutralité même de son pays d'origine, ses sentiments résolument français ajoutent encore, s'il est possible, à l'impartialité de ses vues autant qu'à sa naturelle perspicacité. De quoi parler avec lui, même sur les ruines de la maison de César, sinon de la guerre — et de l'intervention de l'Italie? Je lui contai donc mes impressions depuis la frontière; il me dit :

— Comme vous, je suis venu ici pour voir ce qui s'y passe et comme vous j'ai constaté la sincérité du sentiment qui emporte vers les champs de bataille cette généreuse nation, à qui la neutralité ne suffit plus. Cependant, je ne crois pas, comme vous paraissez le croire, à cause des incidents d'Hodeïdah, que l'intervention italienne se produise brusquement. Pas avant...., en tout cas. Laissez-moi, ajouta mon interlocuteur en souriant, vous faire entendre le langage de la prudence diplomatique — cette prudence qui n'a jamais de raisons que la raison ne connaisse pas...

« Le premier fait à enregistrer, c'est qu'en Italie (et ceci établit une différence entre la situation de cette puissance et celle des autres nations européennes) la politique intérieure n'a nullement perdu ses droits, même pendant la crise actuelle, alors qu'ailleurs tout est écarté en dehors des préoccupations de la guerre. Ici, la politique intérieure, je le répète, n'a point abdiqué. Ce serait donc se placer à un point de vue incomplet que de considérer ce pays comme prêt à prendre, au sujet de la guerre, une brusque décision, sous le contre-coup d'un événement extérieur. L'action qu'elle engagera, avec sa valeur habituelle, elle ne l'engagera qu'après une entente préalable de tous les partis unanimes alors à reconnaître, après un examen approfondi, que l'heure de l'intervention et, laissez-moi dire, l'heure de l'héroïsme italien a sonné.

« Sur le moment précis de l'intervention, l'accord n'est point encore complet. Si quelques-uns hâtent de leurs vœux cet instant, persuadés qu'ils sont que la grandeur des destinées futures de l'Italie ne saurait être retardée, d'autres réfléchissent encore, en considérant les bienfaits que la neutralité a répandus jusqu'ici sur le commerce et l'industrie des nations abritées sous son égide. La guerre de Libye a coûté beaucoup d'argent déjà; de lourdes charges financières pèsent sur le royaume. Au moment de les aggraver par une soudaine entrée en campagne, d'excellents patriotes trouvent qu'il faut y regarder à deux fois, et ils ont le courage de refréner les élans de leur valeur...

« Néanmoins, vous aviez pleinement raison quand vous constatiez devant moi tout à l'heure qu'un large et puissant courant interventionniste balaie les résistances et affirme la générosité de l'Italie. Les esprits avisés considèrent aussi que les intérêts de cette puissance la forcent à agir. Si la carte de l'Europe doit être remaniée après la guerre, pourrait-on admettre que l'Italie se vît éloignée des satisfactions auxquelles elle a droit? Son ardente passion pour la liberté peut-elle être méconnue? De l'avis de tous, l'Italie doit sortir du conflit actuel *plus grande et aussi plus libre de ses actes dans le monde...* Si vous réfléchissez à ces vérités, vous comprendrez, je crois, qu'il faut interpréter les déclarations de M. Salandra comme inspirées par ce double sentiment : le gouvernement *doit* intervenir. *Il ne doit le faire qu'à son heure et quand l'unanimité du pays en jugera ainsi.*

« En attendant, un fait économique des plus intéressants se produit. L'emprise industrielle et commerciale de l'Allemagne sur l'Italie était lourde. On s'aperçoit ici qu'on y peut échapper. Des produits, vendus jusque-là par elle sont ou vont être fabriqués, m'a-t-on dit, dans la péninsule. Ç'a été à la fois une révélation et une fierté. Et si nationalistes et irrédentistes voient dans l'intervention de demain un moyen infaillible pour l'Italie d'obtenir ses frontières naturelles, les économistes constatent avec satisfaction qu'une guerre commerciale peut précéder l'autre et même la préparer. »

Le prince T... poursuivit :

— N'oubliez pas non plus que le prince de Bülow vient d'arriver ici, les lèvres débordantes de promesses et les mains pleines d'offres. Comme vous, je suis d'avis que les unes et les autres se briseront contre la loyauté de MM. Salandra et Sonnino. L'Italie ne s'en laissera pas imposer comme la Turquie. Mais les conversations avec M. de Bülow prendront tout de même du temps, d'autant plus que l'ex-chancelier essayera, de toute son habilité, de faire traîner les choses...

En causant, nous avions quitté le Forum et, par d'étroites rues pittoresques, nous avions gagné la place Colonna et, de là, Montecitorio. En passant devant la Chambre des députés :

— Je viens de vous donner une opinion que je crois fondée, ajouta mon interlocuteur; mais, fit-il, en montrant l'édifice, il vous reste à entendre l'autre son de cloche. Quoique les Chambres se soient séparées, il reste à Rome un certain nombre de députés et, parmi ceux-là, quelques-uns des plus influents. Dans cette brûlante question du moment précis de l'intervention, ils sont exactement les *maîtres de l'heure*. A leur patriotisme de vous dire si j'ai vu juste. Je serais surpris s'il n'étaient pas de mon avis...

VI

Rome, 26 décembre 1914.

J'aurais regretté de quitter Rome sans m'entretenir, avec des hommes politiques, de la brûlante question de la neutralité italienne. Une bonne fortune m'en a fait rencontrer deux des plus éminents, des plus justement considérés dans la Péninsule. La généreuse et puissante éloquence de l'un d'eux, Salvatore Barzilaï, l'égale aux plus grands orateurs de tous les temps. « C'est à la fois Démosthène et Cicéron — et aussi Jean Jaurès », me disait un de ses admirateurs. L'autre, M. Torre, est une des plus belles intelligences de l'Italie, député de Milan, leader du *Corriere della Sera*, il honore à la fois le Parlement et la presse par l'élévation et la profondeur de sa pensée, autant que par l'éclat de son talent. Il s'est fait, à Montecitorio, une situation considérable en rapportant la loi de 1911 sur l'instruction primaire (et son rapport est à juste titre considéré comme un monument pédagogique et politique). A tous deux, je m'étais permis de poser quelques questions. Avec une obligeante bonne grâce, dont j'ai senti tout le prix, ils ont bien voulu y répondre sans retard et leur avis ne manquera pas d'intéresser.

Mes questions étaient les suivantes : « A-t-on été surpris par la guerre, en Italie ? — Quelle portée vous paraissent avoir les déclarations de M. Salandra ? — Quelle attitude doit adopter l'Italie, et l'adoptera-t-elle ? — Subsiste-t-il encore, comme la presse allemande voudrait le faire croire, des malentendus entre la France et l'Italie ? »

M. Salvatore Barzilai m'a dit — et je m'excuse de resserrer et de décolorer en un froid résumé les larges et généreuses vues que l'illustre député de Rome m'exposait avec son irrésistible éloquence :

« 1° La majorité de notre pays et des hommes politiques italiens s'étaient peu à peu habitués à l'idée que la guerre européenne ne passerait jamais de l'état de menace à celui de fait accompli : on se disait que tout le monde la redoutait et que les proportions et le caractère épouvantables qu'elle devait prendre constituaient le principal obstacle à sa réalisation... Et c'est peut-être dans cette pensée que la Triple Alliance a été si souvent renouvelée.

« Cependant, les personnes qui tenaient compte de l'attitude des deux empires du centre, lors de l'annexion de la Bosnie et du coup d'Agadir, devaient comprendre qu'un jour viendrait où l'amour pour la paix, que professent l'Angleterre, la France et l'Italie, autant que l'insuffisance de la préparation russe ouvriraient la voie au débordement de l'impérialisme austro-allemand. La guerre a été une surprise pour le plus grand nombre, ici, surtout au lendemain de la mort de l'archiduc François-Ferdinand qui en était le plus ardent partisan; mais, à dire vrai, surtout après l'attitude de l'Autriche au lendemain de la paix de Bucarest, il fallait s'y attendre.

« 2° A mon avis, M. Salandra a surtout voulu accentuer le caractère de notre neutralité. Neutralité point définitive, mais transitoire et subordonnée au cours des événements. Il a tenu à y accentuer et préciser cette pensée manifestée dès le premier jour que, le cas échéant, nous sortirions de la neutralité pour la défense de nos intérêts moraux et matériels. En présence d'un remaniement éventuel de la carte d'Europe, cette défense implique non seulement la garantie de notre territoire, mais aussi celle des aspirations nationales que les événements d'autrui pourraient compromettre à jamais. L'abandon de la neutralité reste évidemment subordonné aux évé-

nements, mais *l'interprétation donnée ainsi à la formule
du premier moment dénote, chez M. Salandra, la conviction que les événements permettront difficilement de
la maintenir jusqu'à la fin.*

« 3° Ce que l'Italie doit faire est expliqué dans la formule du gouvernement : être prêts à faire face aux événements et ne pas permettre qu'ils se développent à notre préjudice.

« Si les liens qui subsistent encore entre nous et les
puissances centrales sont rompus en faveur de la Triple
Entente, la responsabilité en retombera sur ceux qui,
ayant préparé et déclaré la guerre en dehors de nous,
en auraient fait retomber sur nous les dommages et les
risques.

« Il n'est pas exact de dire que le retard dans notre
intervention dépende de notre manque de préparation
militaire. Certes, l'Italie, sortie à peine de la guerre de
Libye, alors que sa marine de guerre était plus que prête, n'avait pas une armée de terre totalement prête.
Mais, dans les premiers jours des hostilités, d'autres armées aussi se trouvaient incomplètement préparées; de
même la nôtre aurait pu graduellement se préparer et se
mettre dans l'état de complète préparation où elle est
aujourd'hui.

« La vérité, qui ne peut pas ne pas être appréciée
en France et en Angleterre, la voici : *nous avons eu le
malheur d'être, pendant trente-deux ans, les alliés des
puissances centrales;* or, dans une guerre où les éléments
nouveaux sont nombreux et jouent un rôle important,
nous avons besoin de prouver clairement que, en prenant les armes, *nous obéissons à une nécessité et non à
un caprice.*

« Lorsque les événements auront établi cette preuve aux yeux du monde entier, notre cause aura les plus
grandes probabilités de succès et notre nom devra apparaître ce qu'il doit être, le symbole de notre bonne foi
internationale.

« 4° Des malentendus de jadis, entre la France et l'Italie, il n'en est plus aujourd'hui qui aient une valeur appréciable.

« Le plus important malentendu de ces derniers temps a consisté peut-être dans cette conviction répandue en France que l'Italie, en renouvelant la Triple Alliance, avait consenti à l'adjonction d'une clause navale dirigée contre la France et l'Angleterre dans la Méditerranée.

« *Les faits ont démontré combien cette supposition manquait de fondement.* L'Italie n'a jamais pensé à une guerre contre la France et l'Angleterre et a été très heureuse que la maladresse de ses alliés lui fournisse une occasion merveilleusement plausible de nier l'existence du *casus foederis.* Lorque le prince Ruspoli a porté a M. Viviani la déclaration de neutralité, la France a compris que l'Italie mettait le droit au service de ses vrais sentiments. Maintenant, tandis qu'il est parfaitement explicable que la France désire davantage de nous, c'eût été un très vif chagrin, surtout pour ceux qui, comme moi, ont défendu pendant trente-cinq ans la cause de l'amitié franco-italienne, d'apprendre que les motifs de notre conduite n'avaient pas été justement appréciés et que notre neutralité n'a pas été considérée à sa juste valeur.

« *Je souhaite comme vous l'aurore du jour d'une coopération active avec les alliés... D'ici là, je suis certain que la France voudra reconnaître que si, au mois de juillet nous avons refusé de marcher, c'est surtout pour la raison que voici : parce que la conscience italienne considérait une guerre contre la France comme un fait moralement impossible.* »

De son côté, M. Torre nous faisait les déclarations qui suivent :

« Personne n'aurait pu prévoir que la guerre aurait éclaté au mois de juillet; mais tous ceux qui avaient saisi la portée des événements balkaniques, dans les années 1912 et 1913, étaient convaincus que l'Autriche-Hongrie sortirait d'une manière ou de l'autre de la situation dans laquelle les événements l'avaient placée. Il fallait désormais décider si la domination du monde jugo-slave appartiendrait à Belgrade ou à Vienne. Et l'Autriche devait évidemment faire tous ses efforts non seulement pour relever son propre prestige aux yeux des peuples juglo-slave de la monarchie, mais aussi pour empêcher que la Serbie ne devînt le centre d'attraction des éléments serbes asservis par la couronne de Saint-Etienne. Le conflit entre Vienne et Belgrade était donc *in re ipsa*. Il fallait s'attendre à la guerre. L'assassinat de l'Archiduc François-Ferdinand en fut l'occasion.

« D'autre part, l'Allemagne se sentait aussi atteinte par les événements. Les victoires des peuples balkanique sur la Turquie et surtout la position conquise par la Serbie rendaient impossible la marche de l'Autriche vers l'Orient. L'empire ottoman, après ses défaites, ne pouvait plus tenir le rôle auquel l'Allemagne l'avait destiné à son propre profit; la Russie aurait été, deux ans plus tard, mieux préparée qu'aujourd'hui au point de vue militaire; la France même, grâce à la loi de trois ans, serait devenue plus forte.

« Il n'y avait donc plus à temporiser. Le crime de Serajevo devait donc servir, soit à imposer une fois encore la volonté de l'Allemagne à l'Europe, comme en d'autres occasions, soit à précipiter les événements et à résoudre le grand conflit latent. Attendre, n'était pas pour l'Allemagne un moyen d'augmenter ses chances, c'était plutôt les diminuer. La guerre apparut alors à Berlin comme une fatalité. Les diplomates auraient dû la prévoir.

« L'Italie ne devait et ne pouvait pas entrer dans le conflit aux côtés de l'Allemagne et de l'Autriche, parce que le traité d'alliance était défensif et non offensif et parce qu'au contraire la guerre était une guerre offensive et non défensive.

« La pensée secrète de ce conflit était en opposition avec les intérêts italiens. Aucun pays ne peut être condamné à combattre pour servir d'instrument aux autres contre lui-même.

« L'Allemagne et l'Autriche nous rappellent qu'outre les intérêts italiens dans l'Adriatique il y a aussi des intérêts italiens dans la Méditerranée. Et cela est vrai.

Mais le premier besoin et le premier devoir d'une nation, c'est de s'assurer des conditions d'existence qui lui permettent une plus grande liberté de mouvements. Si l'Italie avait contribué aujourd'hui à fortifier la *slavisation* de la monarchie des Habsbourg, favorisant ainsi en même temps les vues de l'Allemagne, elle n'aurait plus été qu'un instrument entre les mains des deux empires du centre et elle n'aurait plus été qu'une succursale de ces empires au cas où ceux-ci eussent remporté la victoire. D'un côté, elle aurait dû renoncer à ses revendications du côté de l'Adriatique; de l'autre côté, elle aurait dû subir les conséquences politiques et militaires de la victoire des deux empires en Europe. Si même l'Italie avait pu étendre des conquêtes dans la Méditerranée, sa puissance ne se serait accrue, à ce prix, qu'en apparence et en réalité sa liberté se serait trouvé amoindrie.

« Si l'Italie entre dans la lutte, come je le crois, en se rangeant du côté de la Triple Entente, il est évident que les questions méditerranéennes devront être résolues d'accord entre les puissances qui la constituent.

« Ce serait donc faire œuvre de prudence et de sagesse que de s'entendre, de manière qu'aucun malentendu ne pût surgir et de façon à pouvoir, au contraire, chercher, en s'aidant réciproquement, la solution des problèmes africains et asiatiques qui solliciteront l'activité des nations européennes pendant ce vingtième siècle. *La France et l'Italie ne pouvaient trouver une meilleure occasion* que celle que leur offrent les événements actuels pour élucider à fond ces diverses questions et *établir entre elles une entente profonde et cordiale.*

« Je ne sais à quel moment l'Italie jugera opportun de sortir de la neutralité. Ce que je sais, c'est qu'elle ne peut pas laisser se constituer une nouvelle situation européenne, *sans contribuer à la déterminer, conformement à ses propres intérêts.* »

M. Torre terminait naguère un article retentissant par ces fortes paroles qui, en projetant sur sa réponse une nouvelle lumière, achèveront d'en compléter le sens et la portée : « L'Italie a trop longtemps souffert de la tyrannie pour la tolérer aujourd'hui ni contre elle ni contre les autres ».

A l'heure où la plupart des hommes politiques de la Péninsule croient devoir se renfermer dans un silence plein de mystère, il convient d'apprécier à leur juste valeur les déclarations si avisées, si énergiques aussi, de deux des grands *leaders* de la Chambre italienne. Il paraît douteux qu'elles agréent autant à M. de Bülow.

DEUXIÈME PARTIE:

L'INTERVENTION

A MILAN

I

MILAN A VOULU LA GUERRE

Milan, 1 juin 1915.

Voilà quinze jours que l'Italie est en guerre. Voilà quinze jours que notre sœur latine, d'un magnifique élan, s'est jetée dans le grand combat que livre la civilisation à la barbarie. Quel spectacle offre-t-elle après cette première quinzaine de combats? Sa mentalité, son attitude, quelles sont-elles?

En traversant la Suisse, j'avais recuilli de singulières nouvelles : « Milan est en révolution; Milan est affolé à l'approche de l'ennemi. » Ah! les bruits qu'on fait courir!... J'ai trouvé une ville calme, souriante, pavoisée, en fête.

Je me suis informé. On m'a raconté ce qui s'est passé. D'abord, les grands mouvements populaires, quand M. Giolitti, vieux renard parlementaire, pris à ses propres pièges, essaya de jeter bas le ministère Salandra, soit qu'il se réservât l'honneur d'être l'homme d'Etat qui agrandirait l'Italie, soit qu'il eût forgé je ne sais quelles manigances avec M. de Bülow.

Ce fut une explosion de colère, à travers toute l'Italie, à Milan surtout, m'expliquait un des représentants de la plus haute aristocratie italienne. Le voile se déchira tout d'un coup. On eut soudainement la révélation, après la publication du Livre Vert, que l'Allemagne et l'Autriche songeaient à faire de l'Italie leur servante humiliée. Comment supporter cette honte ? Une tempête de protestations et de huées s'éleva.

Les journaux ont indiqué, plutôt qu'ils n'ont décrit, les manifestations qui éclatèrent de Turin à Palerme. L'effervescence atteignit son comble à Milan. Des bandes de patriotes parcouraient la ville en criant : « A bas les Allemands! Mort au kaiser! Vive l'Italie, Vive la France! » Des placards couvraient les murs : « *Nous voulons Salandra!* » — « *Peuple, à toi la parole; répands-toi sur les places publiques et dans les rues. Que ton cri soit : « la guerre ou la révolution!* » Une affiche illustrée représentait un Guignol et Guillaume II tirant les ficelles de deux pantins, Bülow et Giolitti. On promenait dans les rues de petites potences où, en effigie, était pendu l'ancien ministre; d'autres de ses effigies étaient suspendues à une petite guillotine. La patriotique colère de la ville ne connaissait plus de bornes.

Mais le maintien de M. Salandra au pouvoir et l'ouverture des hostilités apaisèrent ces fureurs. On acclamait le gouvernement et le roi qui répondait aux aspirations de son peuple par le plus beau des gestes. Et plein de confiance, Milan se remettait au travail quand, le mercredi 28, le bruit se répandit dans les quartiers de l'assassinat d'un consul italien à Constantinople et du pillage d'une coopérative à Berlin. On disait aussi que des ouvriers mineurs des environs de Milan étaient retenus en Allemagne, au mépris de tout droit; et que, chose plus grave, un agent du kaiser avait été surpris sur la terrasse de l'hôtel Métropole, installant un système de signaux électriques. L'indignation publique s'enflamma de nouveau. En quelques instants, une foule furieuse se portant devant l'hôtel suspect, y pénétra, en démolit le mobilier, et, dans l'après-midi du jeudi et la matinée du lendemain, enfonça et saccagea d'assez nombreuses maisons, un peu partout dans la cité.

Faits à remarquer : 1° dans les boutiques mises à sac, la fureur des manifestants épargna les Allemands et les Autrichiens; à aucun ne fut fait le moindre mal; 2° seuls furent envahis et dévastés les établissements des

Allemands ou des Autrichiens qui s'étaient fait, à diverses reprises, remarquer par une attitude arrogante et provocatrice; 3° aucun acte de pillage ne souilla la vengeance populaire; à l'entrée des maisons où se portaient les émeutiers, deux d'entre eux veillaient à ce qu'aucun objet ne fût emporté.

— On brise, on ne vole pas! — criaient-ils.

Sur ce point, les divers témoignages recueillis sont unanimes.

Ni le préfet de Milan, sénateur Panizzardi, ni le questeur chargé de la police, M. Cosentino, ni le commandant du corps d'armée général Spingardi n'avaient bougé. A quel mobile obéissaient-ils? Indifférence ou dessein politique? Deux de ces fonctionnaires étaient des créatures de M. Giolitti. Le général Spingardi avait été ministre de la Guerre dans un des cabinets présidés par cet homme d'Etat. Ont-ils songé tous trois à servir les desseins tortueux ou les rancunes de leur patron? Gardèrent-ils l'arrière-pensée de laisser croire que la guerre voulue par M. Salandra, c'était avant tout et d'abord le désordre, le pillage et la révolution à l'intérieur? C'est ce que se demandent aujourd'hui encore d'excellents esprits que la destitution de ces trois fonctionnaires a comblés d'aise...

— C'eût été une honte pour Milan, — declarent-ils, — si on avait laissé en place ces trois hommes qui n'ont su ni prévoir ni réprimer les désordres.

Milan s'était indigné (bien que l'honneur de la grande ville, de par la probité même des manifestants, n'eût pas été atteint). Il s'est réjoui hier en apprenant que le général Sapelli remplaçait Spingardi et en lisant la proclamation que le nouveau commandant du corps d'armée, quelques heures après son arrivée, a fait afficher. Il s'y exprime en soldat. Il annonce ses intentions d'agir avec toute la vigueur nécessaire pour réprimer sur-le-champ n'importe quel désordre.

Cette énergie a satisfait tout le monde. Les Milanais, au surplus, ne pensent plus qu'à la guerre.

Il n'y a qu'une exclamation sur toutes les lèvres :
— *Si comincia bene.* (Cela commence bien.)

On commente avec une évidente fierté les progrès des armées italiennes en une semaine; les premiers pas, si heureusement faits dans le Trentin; l'occupation des principales hauteurs stratégiques sur la plus grande partie de la frontière; les succès du Frioul; le bombardement de Pola; les engagements volontaires, qui dépassent deux-cent mille; la douce surprise des habitants du Trentin, abrutis jusqu'ici et terrorisés par la domination autrichienne, en voyant que les Italiens, dont on leur avait dit pis que pendre, partageaient fraternellement avec eux leur pain et leurs vivres.... Que de motifs d'allégresse! Aussi, Milan se pavoise chaque jour davantage. Il n'y a pas de rues où les drapeaux italiens ne flottent joyeusement au vent, souvent mêlés aux couleurs alliées dans un embrassement fraternel.

Dans les rues, sur la place du Dôme, dans la célèbre galerie Victor-Emmanuel, sous les arcades, aux terrasses, c'est toute la journée et à la tombée du soir une animation, une gaîté incessantes... Sans arrêt, une foule va et vient, tranquille, confiante et calme dans sa joie. Plus de fièvre, plus d'agitation. Un grand soulagement d'être débarrassé des Autrichiens devenus insupportables. Un sentiment profond de la noble tâche à accomplir. La nation est certaine de vaincre parce que cette victoire que la Fortune des armes lui doit, elle l'a préparée pendant des mois. C'est, nous dit-on, de toutes parts, *la vraie raison, la seule, du temps mis à se décider.* Il n'y a pas eu, dans l'explosion de l'autre semaine, l'imprévu d'un miracle. Le feu couvait sous la cendre. La flamme a jailli quand il le fallait, grâce à M. Salandra, grâce au roi Victor-Emmanuel.

Ah! ce roi, comme il a su gagner pour toujours le cœur de son peuple! Sa proclamation à l'armée, son départ pour le front, ses télégrammes vibrants aux chefs d'États alliés remplissent le pays de fierté. En face de ce joyau de pierre qu'est le Dôme, on a placé dans les bras du Victor-Emmanuel équestre qui domine l'étendue, un portrait de son petit-fils et les promeneurs regardent avec orgueil les deux souverains, celui qui fit l'Unité, celui qui rendra à l'Italie ses légitimes frontières.

On le voit, les bruits qui représentent Milan comme effrayé à l'approche possible des *Zeppelins* ou d'une avant-garde austro-allemande ne sont pas plus justes que ceux qui dépeignaient la ville en révolution. Contre les *Taubes*, contre les gros hannetons du comte Zeppelin, on a pris deux précautions à peine. On a supprimé, le soir, des enseignes lumineuses trop voyantes. Les incomparables vitraux du Dôme, on les a sortis de leur gaine de plomb et on les a mis en lieu sûr. A tout hasard, sans s'émouvoir aucunement. Et c'est tout. Les théâtres sont ouverts; les cinémas regorgent de monde. On lit avec sympathie une affiche réclame qui annonce humoristiquement une tournée Max Linder.

A minuit, les rues sont encore pleines de promeneurs; les bars ruissellent de lumière, et, sur les places, des orchestres s'en donnent à cœur joie.. .Sur le cours Victor-Emmanuel, deux soldats se montrent, en pouffant, une carte postale qu'ils viennent d'acheter : ils me montrent l'image. Elle est si imprévue, si naïvement rabelaisienne que je ne peux m'empêcher de sourire. Elle représente un braque italien qui, tranquillement, lève la patte sur le casque du kaiser et le shako de l'empereur autrichien. Légende : *Sic transit gloria mundi.* Ce qu'on pourrait traduire, pour ne pas sortir des convenances : « Mon dédain pour vous est dorénavant sans limites! » Ah! si Guillaume II et son triste associé François-Joseph ont pensé qu'ils allaient intimider Milan, ils se sont, une fois de plus, lourdement trompés!

————

II

POURQUOI L'ALLEMAGNE
N'A-T-ELLE PAS ENCORE
DÉCLARÉ LA GUERRE À L'ITALIE?

Milan, 5 juin 1915.

J'avais l'honneur d'être présenté hier au comte Greppi, ancien maire de Milan, sénateur, et l'un des hommes politiques les plus justement considérés de l'Italie. En parlant des surprenants événements dont les hommes d'aujourd'hui sont les témoins, je me trouvai amené à lui demander :

— Pourquoi l'Italie n'a-t-elle pas encore déclaré la guerre à l'Allemagne?

Il répliqua du tac au tac :

— Demandez-moi plutôt pourquoi l'Allemagne n'a pas encore déclaré la guerre à l'Italie?

C'est ce que se demandent aussi, le soir, de nombreux Milanais, en prenant des glaces, au café Biffi, sous la galerie Victor-Emmanuel. Ceux qui vont au delà de la plaisanterie expliquent cette immobilité de l'Allemagne de plusieurs façons. Tout entière au formidable effort qu'elle a fourni contre Przemysl, l'Allemagne a-t-elle dû ajourner l'envoi de ses troupes sur le front italien? Non, dit-on, voici des raisons plus profondes. Depuis quelque temps, déjà, Guillaume II tourmente le vieux François-Joseph, enclin, maintenant, à finir la guerre pour son propre compte. Il voudrait le décider à unir indissolublement le sort des deux empires et à ne pas signer de paix séparée. François-Joseph résiste au kaiser comme le Faust de Gœthe se raidit par instants contre les impérieux désirs de Méphistophélès. Jusqu'à ce que le vieillard se soit résigné à se laisser emporter par le tentateur dans sa course à l'abîme, Guillaume II le laissera souffleter par l'affront des victoires italiennes.

Cette explication s'accompagne d'une autre considération assez plausible. Décontenancé par l'entrée en lice de l'Italie, Guillaume II retarderait le plus longtemps possible l'aveu, accablant pour lui, des mensonges officiels qui représentaient notre sœur latine fondant en armes sur la France dès le mois d'août. Le moment où un individu est convaincu de fausseté est toujours humiliant pour lui. Pour un gouvernement, il est particulièrement dangereux.

D'autre part, cet état mal défini qui ne peut plus être la paix de jadis, mais qui n'est pas encore la guerre, laisse cependant quelque facilité de ravitaillement, surtout par la contrebande — sans parler des voies ouvertes à l'espionnage. Dans la seule journée d'hier, on arrêtait, pour ce motif, deux malandrins à Rome, un à Florence, un autre à Syracuse, cinq à Bari. A Chiasso, sur la frontière italo-suisse, et plus encore à quelques kilomètres de là, à Lugano, des centaines d'Allemands se sont installés, dans la pensée évidente d'organiser de là un vaste réseau d'espionnage.

Autant d'excellents motifs pour les Allemands de retarder une déclaration de guerre. Peut-être aussi ces éternels ennemis de toute foi jurée osent-ils rêver encore je ne sais quelle possibilité d'un accord secret avec Rome, soit pour éviter entre les deux nations une guerre réelle, soit en vue d'un accord diplomatique réciproque au moment de la paix. Par avance, M. Salandra a réduit à néant ces singulières espérances en marquant, jeudi dernier, au Capitole, l'Allemagne, ses cruautés et ses fourberies, d'une flétrissure qui ne s'effacera pas. Mais, si éloquemment qu'on répudie tout commerce avec elle, cette ennemie du genre humain ne se décourage pas. On m'a conté qu'il y a quatre mois, M. de Bülow vint, un beau matin, faire visite à M. Sonnino. Il l'aborda d'un air bonhomme :

— Ce n'est pas l'ambassadeur qui vient vous trouver, — lui dit-il. — Causons, je vous prie, en dehors de tout protocole officiel. Voyons, n'y a-t-il pas moyen de s'arranger? Si l'Autriche s'obstinait à ne rien vouloir céder du Trentin, que diriez-vous de l'Albanie ou d'un autre territoire? Entre nous, que voudriez-vous pour votre pays?

M. Sonnino répondit tranquillement :

— Dans l'intimité comme autrement, je ne puis que répéter à Votre Excellence que nous voulons Trieste et le Trentin, tout ce qui nous appartient. Ne perdons pas de temps à discuter à côté.

M. de Bülow s'en alla déconfit. Le lendemain, il reprenait le même thème, sur un autre mode. A-t-il fait croire en arrivant à Berlin, pour masquer la gravité de son échec, que toute espérance n'était pas perdue du côté de Rome? Piètre comédie qui réserverait à son maître une nouvelle déconvenue d'ici peu. Si, pour ne point enfiévrer sa mobilisation, l'Italie ne se hâte point de déclarer que l'état de guerre institué par elle contre l'Autriche s'étend aussi à sa complice; si, pour achever de mettre tout à fait l'Allemagne dans son tort, elle attend que celle-ci ait commis quelque nouveau crime ou simplement quelque acte établi d'hostilité, la péripétie décisive n'en est pas moins imminente.

D'ailleurs ils se comptent par milliers, ceux qui réclament une déclaration de guerre officielle à Guillaume II. Longtemps hésitant, le clergé catholique écoute maintenant les inspirations de la conscience nationale. Un prédicateur, Mgr. Chiarella, soulevait des applaudissements enthousiastes l'autre soir dans l'église San Carlo en dénonçant du haut de la chaire l'infamie des puissances du centre. Dans ses vibrants articles du *Po-*

polo d'Italia, M. Mussolini s'indigne en remarquant chaque jour que la guerre avec l'Allemagne n'est pas déclarée. Quelques « socialistes officiels » et quelques neutralistes, germanophiles impénitents, boudent dans leur coin. Ceux-là excepté, l'Italie tout entière se dresse maintenant contre les Teutons, en qui elle voit désormais *des gens qui voudraient être des maîtres et les plus durs de tout les maîtres*, suivant un autre mot du comte Greppi. Elle se complaît chaque jour davantage dans la noblesse du parti qu'elle a pris. L'impression produite dans le monde entier a excité en elle le sentiment de sa grandeur comme le font, matin et soir, les sincères communiqués du général Cadorna. Les relations postales et diplomatiques sont rompues entre les deux pays et aussi les relations commerciales, constatait devant moi un autre sénateur, grand industriel, M. Gavazzi.

Entre les deux nations pèse en ce moment le grand silence morne qui précède les orages. Le beau discours de M. Salandra a été comme un premier éclair qui sillonne le ciel chargé de tempêtes. D'autres éclairs se sont succédé depuis. Attendons . . . .

III

L'INCIDENT PUCCINI

—————

Milan, 8 juin 1915.

Le hasard m'a fait rencontrer, ce matin, Giacomo Puccini, sous la galerie Victor-Emmanuel. Nous avons causé quelques instants. Le compositeur est toujours chagrin du bruit qui a été fait autour du billet qu'il envoya l'hiver dernier à Berlin à une revue et de l'interprétation qui en a été donnée. Il m'a paru équitable de recueillir, en passant, ses déclarations :

« C'est un malentendu douloureux. Un important périodique musical de Berlin (qui m'avait toujours témoigné une grande sympathie) avait publié un entrefilet où l'on disait en substance : « M. Puccini a pris parti contre nous en compagnie de Bernard Shaw, de Maeterlinck, de Saint-Saëns, d'Annunzio etc., etc. ». J'ai démenti par une simple formule de politesse dont on a considérablement exagéré la nature et la portée : « *Mi place di dirvi*; j'ai le plaisir de vous dire que je n'ai, d'aucune façon, pris parti contre vous... »

« C'est tout. Je ne pensais guère qu'un scandale dût naître de ces trois lignes. J'ai été surpris et désolé qu'on eût vu dans ce que je considérais, encore une fois, comme une formule de politesse, ce qui n'y était pas contenu; désolé aussi du déchaînement d'une partie de la presse contre moi. J'ai aussitôt écrit à nombre de journaux du monde entier que ma pensée, mal comprise, se ramenait en réalité à ceci : « Je tiens à me renfermer dans la neutralité adoptée (*secondo il mio paese, il mio Governo, il mio Re*). Un artiste, pensais-je, ne doit ni sortir du domaine de l'art ni faire de la politique. C'était, *à ce moment-là*, ma manière de voir. J'ai changé depuis... »

Le compositeur s'était interrompu. Il reprit :

— Plusieurs amis de France m'ont écrit pour me réconforter dans cette épreuve. Et ceci m'a consolé un peu. Ceux-là savent bien ce qu'il y a en moi; que je ne puis éprouver et que je n'éprouve pour la France que de l'affection et de la gratitude. Tout ce qu'on peut dire à l'encontre de cela est faux; et, d'avance, je le réprouve.

J'ai tenu à reproduire, telles qu'elles furent prononcées, les paroles de Giacomo Puccini. De leur sincérité, une preuve qui a sa grandeur morale me fut donnée, quelques instants après, par un tiers. Si le musicien de la *Vie de Bohème* se trouvait à Milan, c'est qu'il y était venu pour embrasser son fils, *engagé volontaire, et qui part pour le front italien.*

IV

LES FUTURISTES ET LA GUERRE

Milan, 16 juin 1915.

On se souvient de l'étonnement causé, il y a environ six ans, en France, par l'apparition des futuristes. Ces grands garçons bruyants et incivils qui prétendaient abolir le passé et, dans de surprenantes formules, renouveler l'esthétique, choquaient les uns et amusaient les autres. On leur dit beaucoup de choses désagréables. Le moins qu'ils entendissent, c'était que leur groupe devrait tenir ses séances à Charenton.

Ils se révèlent aujourd'hui sous un jour tout nouveau, si favorable même à quelques égards, que nombre de ceux qui les accablaient de sarcasmes se sentent pris d'un certain respect en s'apercevant que, dès les premiers jours de leur histoire, les futuristes ont voulu être les plus actifs agents du patriotisme italien contre l'Allemagne et l'Autriche. Dès les débuts de la guerre européenne notamment, lorsqu'il semblait que l'Italie hésitât sur sa véritable route, ils ont été parmi les plus actifs ferments de la pensée nationale. On les a trouvés à la tête de toute la propagande, de toutes les manifestations en faveur des alliés, de la civilisation. Combattus, injuriés, menacés, maltraités, souvent emprisonnés, ils ne se laissaient ni décourager ni détourner de leur but. Ils ont le droit de dire maintenant que cette guerre, qui est déjà l'honneur de l'Italie, elle est en un sens, leur guerre.

L'ITALIE EN ARMES

On ne saurait nier qu'ils se soient conduits en patriotes singulièrement avisés et perspicaces. Avec une rare pénétration, ils ont discerné, dans le choc des peuples, les vrais intérêts de leur nation, il s'y sont inébranlablement attachés. Ils ont nettement vu que la Triple Alliance conduisait ce pays, tout vibrant de forces encore inemployées, à une servile abdication envers l'Allemagne. Les premiers, ils ont crié qu'ils ne voulaient ni d'une Italie vassale, ni d'une Italie gibeline, ni d'une Italie médiatisée.

En cela d'ailleurs ils restaient fidèles à leur logique. Qu'est-ce au fond que le futurisme? Un élan vers l'avenir et la condamnation, non de tout le passé (futurisme ne veut pas dire barbarie), mais d'une admiration aveugle pour le passé. Or, qui est-ce qui émettait la prétention, en Italie, de représenter le passé oppresseur, le passé tyrannique, le passé jaloux et destructeur de toute initiative nationale? L'Allemagne, traînant à sa suite l'Autriche. Donc, guerre à l'Allemagne et à l'Autriche. Et concrétisant leurs idées dans un curieux schéma, M. Marinetti et ses amis répandaient naguère de Turin à Palerme un curieux placard, dont je cite avec sympathie l'essentiel :

SYNTHÈSE FUTURISTE DE LA GUERRE

(Le génie créateur et improvisateur

contre la kulture allemande)

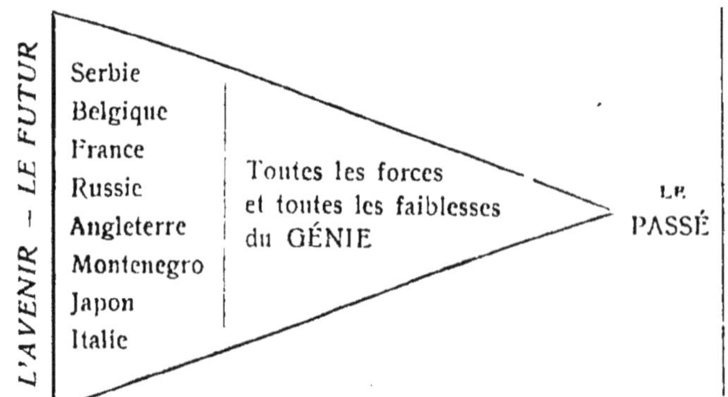

M. Marinetti, le chef des futuristes, habite à Milan, corso Venezia, un curieux palazzo aux tons de vieille brique, construit jadis pour Garibaldi et dont la façade semble soutenue d'énormes cariatides. Dans son appartement rempli de livres, de bibelots et de tableaux, dont quelques-uns fort originaux, il m'a expliqué lumineusement son schéma de la guerre. Nerveux, ardent, soulignant ses arguments de gestes précis et énergiques, comme s'il voulait frapper sur l'idée pour la mieux enfoncer dans le cerveau de son interlocuteur, il a l'éloquence des prophètes et des inspirés. En paroles rapides, dont la fougue, à certains moments, me donnait l'impression d'un torrent dans la montagne, il m'a déclaré :

— Je suis plein de joie, car jamais l'Italie ne m'a paru en face d'un avenir qui autorisât plus d'espérances. Pour des raisons économiques, à cause des répercussions de la guerre de Libye, à cause du mouvement pacifiste conduit par des socialistes tels que Turati et Treves, nous pouvions redouter un médiocre élan national en face des redoutables éventualités qui s'offraient à notre pays. C'est le contraire qui s'est produit. Nous avons assisté à une fusion complète de tous les partis : et de ceux qui ont lutté énergiquement pour la guerre et de ceux qui l'acceptent aujourd'hui, faisant contre fortune bon cœur. Tant il est vrai qu'en Italie, comme chez tous les Latins, les systèmes ne sont rien, le tempérament national tout! On nous reprochait de n'être pas organisés au regard de l'Allemagne. Tant mieux, puisque ce qu'on essayait d'organiser chez nous, c'était une lâcheté impossible.

M. Marinetti abonde en sarcasmes contre les représentants de la *kultur* en Italie; contre ceux qui, « méconnaissant le génie improvisateur de leur pays, essayaient de transformer celui-ci en une nation de bibliothécaires, de conservateurs de musées, de magisters et d'exploiteurs du passé ». Ni leur situation politique ni leur célébrité ne lui en imposent. Il flagelle impitoyablement ce qu'il appelle « leur sottise, leur parasitisme, leur plate vénération pour l'Allemagne. »

— Sachez que parmi les plus violents neutralistes, on comptait des sénateurs et des professeurs, tels que Barzellotti, Benedetto Croce, qui représentaient ici l'*obsession kulturale*. Admirateurs forcenés du passé (*passéistes*, comme nous les appelons), neutralistes, germanophiles, c'était tout un. Imaginez-vous que quelques-uns de ces illustres personnages se plaignaient dans les journaux du trouble qu'apporterait la guerre dans leurs paisibles études philosophiques poursuivies le soir, sous l'abat-jour de la lampe. Faisaient-ils donc passer leurs relations épistolaires avec des cuistres teutons avant l'avenir, avant la grandeur de notre pays!

Pour le chef de l'école futuriste, l'Italie, nation jeune, ardente, bouillonnante de sève et de forces, doit renoncer à vivre du passé pour se donner tout entière au présent et édifier sa fortune dans le monde. Par l'intense utilisation de toutes ses énergies, qu'elle prenne enfin sa vraie place parmi les nations vivantes, fortes et glorieuses.

— Nous avons trop longtemps souffert, — s'écrie le poète, — de l'oppression allemande, de la philosophie allemande, de la science allemande, des éditions allemandes!... Quand on avait dit de quelqu'un : « Il a passé trois ans en Allemagne », c'était pour lui comme un titre au respect de ses concitoyens. Nos villes italiennes, trop obstinées à vouloir vivre de l'étranger, devenaient, par contre, de grouillants réservoirs de Teutons chargés de Bædekers, de Kodaks et de bloc-notes, de tout un matériel d'espionnage.

Contre ceux-là, contre les défenseurs de ce passé exploité par l'Allemagne, contre ceux qui, à leur sens, entravaient l'essor de l'Italie, M. Marinetti et son école ont mené, depuis le mois d'août dernier, une campagne sans trêve ni merci. Ils eurent pour collaborateurs les étudiants révoltés contre les tendances tudesques de certains professeurs. Et aussi les ouvriers instruits, disciplinés et menés au combat par le vaillant directeur du *Popolo d'Italia*, M. Mussolini. A tous, l'Italie devra un jour un peu de sa gloire nouvelle.

J'ai tenu à connaître le sentiment de M. Marinetti

sur la situation actuelle de l'Italie vis-à-vis de l'Allemagne. Il m'a répondu :

— L'Allemagne ne nous déclare pas la guerre parce qu'elle s'imagine pouvoir remporter quelque gros avantage sur le front occidental, dans les Flandres, par exemple, et demander aussitôt la paix sans avoir contre elle l'Italie au congrès qui décidera de tout. Elle répugne, d'autre part, à sacrifier les énormes intérêts économiques, financiers et moraux qu'elle a chez nous, de même que les fructueux débouchés qu'on l' a laissée s'ouvrir de Turin à Palerme. Il y a aussi la question de Trieste. La secrète ambition du kaiser est de posséder Trieste ou bien, par d'habiles manœuvres dont un *irrédentisme apparent* ne pourrait s'offusquer, de transformer cette station de premier ordre en une sorte de Rotterdam germanisée. Aussi s'efforce-t-elle de ménager l'opinion publique dans ce pays, j'entends celle qui compte et qui, d' un moment à l' autre, pourrait imposer la guerre avec l'Allemagne. Car il est bien vrai, n'est-ce pas? qu'une fois Trieste arrachée à l'Autriche, il faudra la disputer à Guillaume II. J'entrevois même que c'est autour de Trieste italienne que recommencerait probablement dans quatre ou cinq ans une nouvelle conflagration mondiale, si les alliés se contentaient d'une Allemagne simplement humiliée par la défaite. Ce qu'il faut pour asseoir une paix durable et féconde, c'est une Allemagne écrasée, hors d'état de nuire pendant des années. Avec sa surproduction d'hommes et sa richesse toujours grandissante, j'estime que l'Italie peut singulièrement aider à ce résultat...

M. Marinetti n'est pas de ceux qui se contentent de parler. Son esthétique veut que ses paroles soient inévitablement corroborées par des actes. Prêchant la guerre, il s'est engagé pour la durée de la guerre. Afin d'être accepté comme soldat, il a demandé à subir une douloureuse opération. A sa suite, les futuristes se sont enrôlés. Sur leur désir, l'autorité militaire les a versés dans le corps des tirailleurs cyclistes, chargés de reconnaissances et de missions dangereuses. Plusieurs déjà sont au front et s' y distinguent. Les autres partiront dans quelques jours. Heureux de voir se réaliser leur idéal, ils ne redoutent pas de mourir pour lui. Mourir en combattant dans l'intense déploiement de toutes ses énergies, c'est, au lieu de la fin, banale et pitoyable, disparaître en pleine apothéose. Ces fous pourraient servir d'exemple à bien des sages.

V

CONTRE L'ALLEMAGNE

———

Milan, 28 juin 1915

Un d'entre mes nouveaux amis de Milan, (que je ne saurais trop remercier de leurs constantes attentions, pour l'envoyé spécial du *Petit Parisien*) me faisait parvenir l'autre soir ce billet : « Demain quelques uns de ceux qui l'aiment particulièrement offrent à dîner au député de la IV circonscription de Milan, Luigi Gasparotto, qui s'est engagé et va partir sur le front. Voulez-vous vous joindre à quatre ou cinq Français qui tiennent à saluer ce vaillant ? »

Vous pensez que je n'eus garde de manquer à l'invitation. A sept heures donc je me fis conduire à la Via Vittoria, au restaurant indiqué, une petite trattoria ombragée d'arbres et qu'enveloppe une légende. — C'est là, me dit-on, que, fuyant la poursuite irritée du terrible don Rodriguez, les veritables héros du célèbre roman de Manzoni : « Les Fiancés », Renzo et Lucia, vinrent cacher leur bonheur. Quand je m'y présentai, de nombreuses personnes attendaient déjà. Du premier coup d'oeil je vis que ce dîner d'intimes prenait les proportions d'un banquet. Plus encore que le Cid, Luigi Gasparotto pourrait dire : « Cinq cents de mes amis... »

Le nouvel enrôlé arriva bientôt, salué des acclamations de l'assistance. C'est un grand et beau garçon, à la mine loyale et fière. Des yeux pleins de douceur et un bon sourire adoucissent l'énergie de ses traits et de son geste. Il portait avec aisance un uniforme de sous-lieutenant d'infanterie et il nous raconta avec esprit les fatigues de son nouvel état qu'il place, pour l'instant, bien au dessus de sa carrière d'avocat semée pourtant de tant de succès. Je le félicitai de sa belle humeur; il me répondit très simplement :

— Comment pourrais-je être triste puisque je vais me battre pour mon pays!

On m'avait fait l'honneur de me placer en face de lui. Pendant le dîner convenablement ordonné (et où je vis, charmante surprise! que la cuisine italienne ignore l'exaspérant saumon à sauce verte de nos banquets officiels) j'eus l'occasion à plusieurs reprises de poser à mon voisin quelques questions sur la situation présente de l'Italie vis à vis de l'Allemagne et sur les sentiments de notre soeur latine.

— Ne voyez-vous pas, me dit-il en substance, que l'état de guerre subsiste déjà, de fait entre nous et les Allemands? L'Allemagne a chez nous tellement d'intérêts de tous ordres que son hésitation à rompre brusquement du jour au lendemain ne se comprend que trop. Laissez faire le temps qui me paraît devoir marcher très vite et reposez-vous sur la loyauté de vos frères italiens.

Au champagne, après quelques paroles émues du vénérable sénateur De Cristoforis, le doyen de la démocratie milanaise, le député lieutenant prit la parole. Il parle avec une belle éloquence que les évènements actuels sèment d'images. Après avoir constaté que cent vingt députés se sont déjà engagés dans la péninsule, il expliqua comment il avait pris la résolution lui aussi, d'abandonner sa charge, sa femme et ses enfants pour aller se battre : « Le devoir d'un représentant du peuple est de donner l'exemple en ces jours terribles et grandioses, lorsque vont se livrer les combats décisifs entre l'idée et la tyrannie, la civilisation et la barbarie, les ténèbres et la lumière. Dans ma conscience s'est levée cette idée impérieuse que ma place était là-bas. Devant cette voix de la patrie, pouvais-je, si tendrement que j'aime les miens, écouter la leur? Il n'y avait pas à hésiter, je n'ai pas hésité. Comme mes camarades, je ferai de mon mieux et si la Destinée veut que je meure, soyez certain que, tombant pour la patrie, je mourrai joyeusement. »

Dans cette souple et poétique langue italienne qui illumine les idées comme le soleil illumine les choses, ses accents avaient une grandeur pathétique qui faisait battre le cœur des assistants. Quand Luigi Gasparotto parla de la France, de l'Alsace et de la Lorraine qui comme Trente et Trieste attendent leur délivrance, une émotion nous prit tous, qui se traduisit par de longues acclamations. Les Italiens étaient plus enthousiastes encore que les Français. Chacune des chaleureuses expressions par lesquelles l'orateur flétrissait l'Allemagne, soulevait des exclamations indignées et des bravos furieux.

— Dites à la France, s'écria l'orateur en se tournant vers nous, combien nous la chérissons, combien nous sommes heureux de voir disparaître enfin les vieux malentendus et de quel cœur inébranlable nous mènerons avec elle le bon combat contre les éternels ennemis de toute civilisation!

Alors toute l'assistance éclata en marques d'approbation et en vivats. Nous pûmes juger que ce n'était point là un effet de la chaleur communicative du banquet car certains qui arrivèrent à la fin du repas parlèrent avec la même éloquence, enflammés de l'affection de l'Italie pour sa sœur latine et de sa haîne pour les Allemands.

Un Français se leva pour répondre. D'un seul élan debout, l'assistance acclama notre pays : « Vive la France! Vive la France! » Et comme ils buvaient au triomphe définitif des alliés, et, dans la victoire commune. aux légitimes aspirations de la France et de l'Italie désormais unies contre l'Allemagne et l'Autriche par les liens d'une fraternité, inébranlable et féconde, l'orateur dût s'interrompre sous la violence des cris et des applaudissements.

Les socialistes, adversaires de Luigi Gasparotto aux dernières élections, avaient délégué un des leurs au banquet. Il parla avec une spontanéité rude et familière : « Nous nous sommes houspillés, bousculés et battus pendant la campagne électorale, dit-il au député. Aujourd'hui nous sommes fiers d'avoir pour représentant un homme tel que toi. Nous savons avec quelle intrépidité tu feras ton devoir et que tu te distingueras entre les plus vaillants dans cette lutte suprême qui doit venger la Belgique, rendre à la France et à notre pays les terres « irredente » et éloigner à jamais du cou de l'Humanité, l'abominable joug teuton! »

Il y avait, mêlés aux amis de Luigi Gasparotto, d'assez nombreux mobilisés; quelques officiers aussi. Parmi eux, un jeune lieutenant déjà guéri d'une blessure reçue sur les escarpements du Mont Pasubio, la première semaine des hostilités. Il me confia, en termes émouvants, son espoir de lutter prochainement contre les soldats du kaiser :

— J'ai l'horreur de l'Autriche, comme vous le pensez bien, mais j'ai plus encore, s'il est possible, de haine et de colère contre les teutons. Dans cette association de malfaiteurs, c'est l'Allemagne qui conçoit, qui élabore, qui organise les mauvais coups et les attentats contre le genre humain. J'ai vingt ans et j'adore la vie; mais je vous jure que je la donnerais à l'instant si ma mort devait acheter l'irréparable défaite de l'odieuse Germanie.

A la sortie du banquet, le socialiste qui avait parlé avec tant d'originale éloquence s'approcha de moi.

— Est-il vrai, me demanda-t-il avec une sorte de colère, que certains Français songent à tendre la main à l'Allemagne?

J'eus un sursaut d'étonnement.

— Où avez-vous pris celà?

— Des journaux ont affirmé qu' Hervé, pressenti

par des socialistes teutons désireux de sauver l'Allemagne en péril maintenant, leur avait promis son appui.

— Ne croyez donc pas celà. Comme on dit en France, ce sont des blagues.

— Ah! des blagues vraiment? Ce sont des blagues? s'écria le socialiste dont la figure s'illuminait. À la bonne heure! Vous me rendez bien heureux, citoyen. On ne peut pas, n'est-il pas vrai? fonder quoi que ce soit de grand et de durable et avoir la paix féconde que méritent les alliés, avant d'avoir foulé aux pieds et détruit à jamais le militarisme germanique, l'orgueil germanique, le despotisme germanique.

Ainsi sur les lèvres et dans le coeur de ceux qui m'entouraient, je sentais monter, généreuse et impatiente, la haine contre l'Allemagne.

VI

LES PREMIERS BLESSÉS A MILAN

Milan, 23 juin, 1915.

Un convoi de blessés, le premier, est arrivé, il y a une huitaine de jours, à Milan. Grâce à un obligeant ami, M. Lantini, j'ai pu visiter l'hôpital ouvert pour les recevoir.

Il est situé via Pietro Colletta, de l'autre côté de la gare principale. C'était, avant la guerre, un asile de nuit, construit selon les plus rigoureux préceptes de l'hygiène. Pièces vastes et hautes, largement ouvertes à l'air et à la lumière; installation scientifique où rien des derniers progrès n'a été oublié. Dès l'entrée, on reçoit de ce grand bâtiment clair une impression de bien-être et de confiance. Les blessés seront dignement soignés ici.

A l'heure actuelle, ils sont cent quarante-deux, répartis dans plusieurs salles, au centre des services. Chirurgie, salles d'opération, radiographie, hydrothérapie, pharmacie, buanderie, cuisines, forment, autour des malades, comme une ceinture de sollicitude et de défense. Six médecins ou chirurgiens ont été affectés à l'hôpital. Choisis entre les praticiens les plus distingués, ils rivalisent de soins et d'affectueux dévouement. Le directeur en chef, le professeur Arcellaschi, est un savant éminent et ses travaux font autorité. On le sent énergique et doux. C'est un interventionniste de la première heure, un véritable ami de la France, et j'ai plaisir à serrer ses mains amies, ses mains bienfaisantes qui feront des miracles pour guérir les blessés et repousser la mort.

Quand j'arrive à l'hôpital, il est dans tout le feu de son action. Je l'entrevois, affairé dans son grand costume de toile blanche. Il me serre la main et se hâte vers la salle d'opérations, après m'avoir confié à un interne chargé de me guider à travers l'hôpital.

— Pour une installation improvisée, m'a-t-il dit, vous verrez que tout marche convenablement.

Je le crois bien, le docteur Arcellaschi est trop modeste. Tout ce qu'il m'est donné de voir satisferait les plus difficiles. Le long des couloirs, des soldats d'infanterie avec l'insigne de la Croix-Rouge sur le bras et au képi vont et viennent, gardiens vigilants ou infirmiers attentifs, silencieux, empressés. Je connais des hôpitaux en France qui n'en pourraient pas montrer autant.

La première salle que je visite est celle des blessés à peu près convalescents. C'est l'heure du repas et ils mangent de bon appétit. Après la soupe, du pain frais et blanc, un bon morceau de viande. Encore quelques jours et il seront prêts à repartir. Comme ils paraissent supérieurs en volonté et en courage, ces blessés, aux Autrichiens bien portants que j'ai vus la veille à Vérone! Je revois ces faces lourdes et mornes, quelques-unes détendues par un sourire épais. Quel contraste avec les figures énergiques, la belle humeur, et les yeux pétillants d'intelligence de ceux-ci!

J'en exprime mon plaisir à M. Lantini, et il me répond par ces paroles poétiques et profondes :

— *C'est que ceux que vous regardiez hier portaient le masque de la servitude et que sur le visage de nos soldats luit l'aurore de la liberté.*

Dans les diverses salles que nous visitons, même spectacle réconfortant. Un peu plus loin, notre guide baisse la voix et il m'explique que nous allons entrer chez les grands blessés, très peu nombreux, heureusement. Sur le premier lit, repose un aviateur qui a fait une chute épouvantable, il y a huit jours, au retour d'une reconnaissance aérienne. La rupture d'une commande a précipité son appareil de quatre-vingt-dix mètres de hauteur. Comment ne s'est-il pas écrasé sur le sol, on ne le comprend pas encore. Il se tire de ce terrible accident, sans lésions internes, avec les deux jambes cassées tout simplement. Les fractures ont été réduites et il sourit, heureux de sa chance...

A quelques pas de là, c'est un groupe touchant. A l'assaut du fort de Pelka, un petit chasseur alpin a eu la cuisse à moitié emportée par la mitraille. Il est arrivé hier; la souffrance crispe ses traits et blémit son visage baigné de sueur froide. Aussitôt prévenue, sa mère, une femme de la campagne, est accourue. Bouleversée, elle se penche sur son fils, lui essuie doucement le visage. Elle le prend dans ses bras, le berce comme un petit avec des précautions si tendres et si inquiètes que nous restons émus. Je ne puis m'empêcher d'encourager le petit soldat : « Bon courage! le docteur a dit que vous guérirez vite! » Lui abaisse ses paupières comme pour dire merci. Une lumière transfigure le visage anxieux de la mère. Elle a l'air de nous dire : « Si c'est vrai, soyez bénis! »

Presque tous ceux qui sont là ont été blessés sur le Monte-Nero pendant les combats acharnés de la première semaine de juin. Sous la grêle des balles et des éclats d'obus, l'infanterie et les alpins ont escaladé les pentes, bousculé l'ennemi et enlevé les positions. Dignes imitateurs de leurs alliés, les Autrichiens ont usé de toutes les traîtrises allemandes : pièges tendus au moyen du drapeau blanc, mitrailleuses subitement démasquées derrière un rideau de Croates qui feignait de se rendre. Des histoires abominables courent à ce sujet. Y a-t-il donc d'un côté des soldats qui font la guerre en braves gens et en héros et de l'autre des esclaves à qui on impose de se conduire comme des assassins?

— Ce n'est pas cela qui nous empêchera de reprendre Trieste et le Trentin, s'écrie un blessé en montrant à l'interne son bras empaqueté. A celui-là une balle a broyé le bras gauche et traversé le poumon avant de ressortir par l'épaule. Dans son lit, il est beau et fier comme une statue de jeune dieu. La confiance de ses yeux clairs et tranquilles fait du bien. Inutile de lui persuader à lui qu'il va guérir. Il en est bien certain. Et aussi que l'Autriche sera écrasée et que l'Italie combat au côté des alliés pour la liberté du monde!

Mais qu'est ceci? Sur un lit est étendue, rigide et dessinée en lignes sèches par les plis d'un drap blanc, une forme étrange. Serait-ce un mort? Non, quoiqu'il n'en vaille guère mieux pour l'instant. C'est un alpin qui sort de la salle d'opération. On a dû lui couper un bras et une jambe déchiquetés par les shrapnells. Comme il est encore dans l'anéantissement du sommeil anesthésique, on l'a recouvert d'un drap pour le soustraire à la curiosité en attendant qu'on le transporte dans une salle particulière.

— Je vous assure qu'il vivra, m'affirma tout à l'heure le docteur Arcellaschi avec son sourire plein de bonté.

A droite et à gauche, les camarades de l'amputé font silence pour qu'aucun bruit ne vienne rappeler trop tôt à la vie et à la souffrance le malheureux garçon. Mais s'ils se taisent, leur moral n'en paraît nullement affecté. Ils sourient joyeusement à notre passage. Au reste, la caractéristique des malades, ici, c'est leur intarissable gaieté. Dans un autre service, nous tombons sur un fantassin qui divertit ses camarades en leur racontant une vieille pièce milanaise qu'il a vue jouer et qui s'appelle les *Cinq journées de Milan*. Il leur cite ce mot admirable d'une vieille femme à qui sa fille demande ce que c'est que la patrie. « *La Patrie*, répond-elle, *c'est être chez soi, dans sa maison, loin de tous les Allemands!* »

Et tous de s'écrier : « Bravo! » et d'éclater de rire.

J'emporterai de ma visite deux impressions très vives. La première, c'est, d'abord, que contrairement aux mensonges allemands, les soldats italiens se battent avec la même belle humeur et la même foi dans la victoire que chez nous. Les empires du Centre se sont mis sur les bras un rude adversaire de plus. Je pars convaincu aussi, d'une autre vérité. C'est qu'en Italie, *les services sanitaires sont au moins aussi bien organisés qu'en France.* Les deux grandes institutions de guerre de la péninsule, la Croix-Rouge et la Croix de Malte, luttent ici de zèle et d'inlassable générosité : 30.000 lits, s'il est besoin, pourront être donnés aux blessés rien qu'à Milan. Et les ressources augmentent chaque jour. Des merveilles de charité patriotique s'élaborent en ce moment. Toutes les villes de l'Italie, comme bien on pense, s'émeuvent au seul mot de blessés; mais nulle part ils ne seront entourés de plus de soins, de science et d'active tendresse qu'ici, à Milan. Et, à le savoir, l'inquiétude des mères et des épouses reçoit déja quelque soulagement.

VII

LE BLESSÉ DU ROI

—

Milan, 30 juin 1915.

Il m'a été donné aujourd'hui de constater de mes yeux l'enthousiasme et les vertus militaires que suscitent chez les plus humbles la bonté et l'humanité charmantes du roi Victor-Emmanuel.

J'arrivais avec quelques amis à l'hôpital de la via Pietro Colletta, lorsque tout à l'entrée nous entendîmes un brouhaha traversé de véritables cris. Ce n'étaient pas des cris de douleur, mais des exclamations d'enthousiasme, des implorations passionnées. Dans la petite salle de consultation, nous vîmes trois médecins penchés, la mine grave, sur un blessé. Celui-ci, les yeux agrandis de fièvre et d'exaltation patriotique, les adjurait :

— Guérissez-moi! guérissez-moi vite! Je veux retourner me battre et tuer des Autrichiens. Je l'ai promis à Sa Majesté le roi.

— Mais oui, tu guériras, disait doucement le médecin-chef. Ne te fatigue pas, tu vas cracher le sang encore.

— Vous me promettez que je pourrai repartir à la fin du mois? Je vous dis que je l'ai promis au roi!

On calma le blessé, car une mousse roussâtre montait à ses lèvres. On essuya sa bouche; on le fit boire et il se tut pendant que se poursuivait l'examen des docteurs. Avec de minutieuses précautions, ils palpaient, percutaient sa poitrine et son dos; puis de nouveau, il se penchaient sur l'épine dorsale avec des froncements de sourcils. Enfin l'un d'eux, le chef, eut une moue comme pour dire : « Après tout, sait-on jamais! » Et avec une cordiale brusquerie il dit au blessé :

— Oui, tu repartiras. Si tu es sage, dans six semaines, tu seras sur pied, solide comme l'Hercule Farnèse, seulement je ne veux plus que tu cries. Tu m'as compris?

Le blessé sourit et cria :

— Vive le roi!

Dans l'après-midi, retourné à l'hôpital, j'ai pu causer avec le soldat G..., étendu bien à l'aise dans un bon lit et entouré de tout le confort que le service de santé militaire prodigue ici aux soldats. On lui avait permis six minutes de conversation à demi-voix, sans cris surtout. Il m'a raconté son histoire. Modeste ouvrier dans une usine du Nord, incliné vers le socialisme et le pacifisme, il ne tenait pas à la guerre. Mais, comme tous les hommes de ce pays que le seul nom d'Italie galvanise et redresse, une flamme dans les yeux, au premier appel, il s'était levé pour faire son devoir. Son régiment avait franchi la frontière dans la première quinzaine de juin et il faisait partie de l'armée dirigée sur Gorizia.

Le jour de sa blessure, son bataillon était resté toute la journée prêt à agir, dans un large fossé, à 150 mètres de la tranchée autrichienne. D'abord impatients, les hommes attendaient d'une minute à l'autre le signal de l'attaque. Ensuite, la journée passant, ils s'étaient persuadés que ce serait pour le lendemain, sans faute. Vers sept heures, au contraire, le capitaine leur avait dit : « Garçons, en avant! Il faut prendre la tranchée », attendant un nouvel ordre pour bondir. Brusquement, le cri avait retenti : « A la baïonnette! » et tous, remis sur pied d'un même élan, ils couraient sur les Autrichiens, dont ils entendaient déjà les jurons

de colère et d'effroi. A ce moment-là, le fantassin G...
avait pensé recevoir dans le dos comme un grand coup
de poing. Sans s'arrêter, il avait crié à son voisin :
« Fais donc attention! » puis, brusquement, il s'était a-
battu, les jambes molles, la bouche pleine de sang. Et
c'est comme dans un rêve qu'il avait perçu la galopa-
de des autres et le tumulte du combat.

Lorsque, quelques heures plus tard, on le ramas-
sa, pendant qu'on le chargeait sur un brancard, moitié
évanoui et moitié lucide, il avait cru entendre dire autour de lui que la tranchée devant laquelle il était tombé avait été prise par ses camarades, puis reprise (c'é-
tait une erreur) par les Autrichiens. Et à ses souffrances physiques s'était soudain ajoutée une douleur aigüe
qu'il ne se souvenait pas avoir ressentie jamais. On
l'avait transporté à quelques kilomètres de là, à l'ambulance la plus proche de la ligne de feu, à.... C'est là
que le lendemain matin, à l'heure où la fièvre lui laissait quelque répit, se produisit l'événement qui devait
illuminer et orienter définitivement sa vie.

Dans la grande salle où étaient couchés une centaine de blessés, il rêvait aux siens, sa tête pâle sur
l'oreiller, quand il avait vu la porte s'ouvrir (son lit
était le plus près) et entrer un général suivi de plusieurs
autres officiers qui lui parlaient avec un grand respect.
Sans curiosité, il regardait machinalement le groupe
des arrivants, quand, tout d'un coup, il avait reconnu,
pour en avoir vu souvent l'image dans les journaux populaires, Victor-Emmanuel III lui-même. Justement les
regards du souverain se portaient vers lui. Saisi, il a-
vait voulu se lever, saluer, crier : « C'est le roi! » mais
déjà celui-ci s'avançait vers le blessé et de sa main lui
fermait la bouche doucement :

— Tais-toi! Tu vas me faire reconnaître. Quelle
est ta blessure?... Et s'appuyant au chevet du petit
fantassin, Victor-Emmanuel passait familièrement son
bras sous la tête de G..., bouleversé de surprise et d'é-
motion, et se mettait à causer avec lui comme avec un
ami.

— Souffres-tu beaucoup? On te soigne bien, n'est-ce pas? As-tu envie de quelque chose? Dis-le moi...

Violemment secoué, le blessé éclatait en sanglots sans pouvoir proférer une parole. Alors le roi lui caressait les joues de son gant et lui disait :

— Allons, calme-toi, et je reviendrai te voir tout à l'heure.

Le roi avait continué sa visite, s'approchant de chaque soldat, s'informant de son état, lui serrant la main, l'encourageant, aidant un médecin à fixer un bandage. Dans la salle, c'était une grande stupeur extasiée. Parfois un murmure d'admiration et d'amour commençait, mais il s'interrompait aussitôt, car on voulait entendre, boire les moindres paroles de tendresse de ce chef à ses soldats. Beaucoup, sur les joues, avaient de grosses larmes. Dans son lit, G... se disait : « Va-t-il revenir vers moi comme il l'a dit? Cela ferait deux fois qu'il me parle! Pourvu qu'il n'oublie pas! »

Le souverain n'oublia point. Quand il eut vu tous les hommes, se fut enquis de l'état de chacun, il retourna au lit de G...

— Eh bien, mon camarade, tu n'es plus intimidé maintenant, je pense. Allons, parle-moi comme à ton papa. Que faisais-tu avant la guerre? Veux-tu bien ne pas avoir peur, nigaud!

Pendant une dizaine de minutes, le roi s'entretint avec G..., qui se croyait dans le plus beau des rêves. Il lui demanda des nouvelles des siens, s'informa avec sollicitude de leur situation, promit de leur faire écrire. Et comme G... disait, en bégayant, que le matin du jour où il avait été frappé, il avait commencé une lettre qui restait là dans sa poche.

— Donne-moi ta lettre, fit le souverain avec bonté. Je la ferai parvenir en y ajoutant un mot pour rassurer les tiens... Sois patient, raisonnable; écoute ce que te disent messieurs les docteurs. Je sais que depuis le début de la campagne tu t'es très bien comporté. Je vais te faire évacuer sur l'hôpital de..., où tu resteras jusqu'à ce qu'on t'envoie en congé; tu l'as bien mérité.

Une hardiesse prit alors G... Il osa poser une question au roi :

— Est-ce vrai, Majesté, que la tranchée a été reprise par les Autrichiens?

— Non, non! fit le roi. Qui est-ce qui t'a raconté cela? Nous l'avons bel et bien gardée.

Une ivresse envahit le petit soldat. Il se dressa sur son lit pour pousser un cri de : « Vive le roi! » et il fallut que le souverain le retînt sur son oreiller.

— Allons, reste tranquille pour vite guérir et revoir les tiens plus tôt.

— Et aussi pour retourner me battre, balbutia G... éperdu de joie et d'orgueil... Majesté, je vous le promets.

Pendant que G... me racontait cela les yeux brillants, tout son sang au visage, ses voisins s'étaient penchés sur leurs lits. Quelques-uns, le buste en avant, s'étaient rapprochés et ils écoutaient ce récit toujours nouveau, bien qu'entendu dix fois peut-être, soit à l'hôpital de..., soit ailleurs, car il n'est pas un seul blessé rencontré par le roi qui n'ait éprouvé de la façon la plus émouvante les effets de sa tendre bonté. Dans le cercle qui entourait G... apparurent brusquement la barbe grise et le képi d'un médecin inspecteur en visite à l'hôpital.

— Que racontez-vous donc? demanda-t-il.

G... regarda l'arrivant; et, à le voir escorté des autres de l'hôpital, il comprit que c'était un personnage. Il s'agita sur son lit, ouvrit la bouche toute grande, roula des yeux effarés, et, les mains tendues dans un élan vers l'inspecteur, il se prit à lui dire, la voix étranglée d'émotion :

— Si vous êtes le chef, guérissez-moi vite, vite! Il faut que je retourne à mon bataillon pour me battre. Je l'ai promis à Sa Majesté le roi. Je vous jure que je l'ai promis!

Le médecin-inspecteur s'était approché. Dans une soudaine effusion, il saisit le soldat dans ses bras et lui planta sur les joues deux baisers sonores.

— 97 —

— Bravo, mon garçon. Voilà comment doivent parler tous les soldats de l'Italie. Sois tranquille, dans un mois nous t'aurons remis sur pied.

Je le crois bien qu'il sera sur pied. Si dans un mois le *blessé du roi*, comme tous les autres l'appellent avec envie, ne pouvait pas quitter l'hôpital pour aller se battre, il en ferait une maladie.

VIII

LA SITUATION FINANCIÈRE DE L'ITALIE

Milan, 20 juillet, 1915.

En voyant l'Italie entrer dans le conflit européen,
et, depuis, en suivant le développement des difficiles
opérations militaires qu'elle conduit avec tant de bonheur du lac de Garde à Gorizia, d'excellents esprits se
sont demandé si la situation financière de notre sœur
latine correspondait à son magnifique effort.

L'Italie est par excellence le pays de l'épargne.

Un des principaux éléments de l'épargne italienne
est constitué par l'afflux régulier des économies réali-
sées par les émigrants (leur nombre dépasse annuelle-
ment 700,000), qui, chaque mois, parfois même chaque
semaine, envoient fidèlement au pays leurs économies,
petites ou grandes. Un membre du Parlement m'affir-
mait l'autre jour qu'il y a, disséminés sur le globe, de
six à sept millions d'Italiens.

Si la guerre a diminué pour un temps une des
sources importantes des revenus nationaux, je veux dire la venue des étrangers en Italie, en revanche, il est
à considérer que le dernier trimestre de 1914 et les
deux premiers de 1915 ont été particulièrement favorables à l'industrie italienne; celle-ci a bénéficié d'importantes commandes, tant pour les armées étrangères

que pour celles du pays. Du commerce d'exportation auquel devaient renoncer momentanément les nations belligérantes, elle a pris sa bonne part, surtout dans l'industrie des automobiles, celle des chaussures, draps, cotonnades et soieries. L'abondance de la main d'œuvre et la prudence qui a conduit la mobilisation ont empêché toute perturbation dans le travail de l'industrie, préparée d'ailleurs par dix mois d'attente à la situation actuelle. Notons encore que les sages mesures relatives au moratorium institué dans la Péninsule, dès les premiers jours d'août 1914, et peu à peu adoucies par divers tempéraments, jusqu'à sa suppression, le 31 mars 1915, ont eu l'effet le plus bienfaisant sur l'ensemble des transactions. Et c'est ainsi que l'on peut dire que l'Italie a passé sans grands heurts de l'état de paix à la guerre.

En janvier 1915 avait été lancé avec un succès notable l'emprunt national à 4 1/2 % d'un milliard destiné à couvrir le solde des charges de l'expédition tripolitaine et à payer les préparatifs de la guerre d'aujourd'hui. La fortune du nouvel emprunt lancé le mois dernier a dépassé toutes les prévisions. Le chiffre des souscriptions a atteint plus d'un milliard deux cents millions.

J'avais l'honneur de causer hier de ces intéressants résultats avec M. Pavia, ancien sous-secrétaire d'Etat aux Finances. Il voulait bien me confier la joie et l'orgueil patriotiques qu'il avait légitimement ressentis devant un tel succès. M. Pavia est non seulement un avocat, un orateur et un économiste de grand talent : il est aussi un des hommes d'Etat les plus justement appréciés et aimés de ce pays.

— L'élan de nos populations a été merveilleux, me disait-il. J'ai le droit cependant de vous dire qu'il ne m'a pas surpris. J'étais convaincu qu'on aurait vite une grosse somme, comme je suis persuadé que la réussite ne serait pas moindre si l'on demandait le double, le triple au peuple italien. Il faut vivre dans cette Lombardie (qui est certainement la partie la plus riche de l'Italie parce qu'elle en est la plus laborieuse) pour comprendre que je n'exagère pas en affirmant que, de toute sa richesse, de tout l'argent renfermé dans les coffres-forts des riches ou le bas de laine des ouvriers et des paysans, elle soutiendra le poids de la guerre et voudra aider à l'effort de nos soldats, qui si noblement, si héroïquement, luttent sur le front. Vos économistes n'en doutent pas. Plusieurs, appelés en Italie par mon maître Luzzatti, ont vu naître, grandir et prospérer sans cesse nos caisses d'épargne, nos caisses populaires, ils ont pu se rendre compte de notre développement financier.

Dans sa circonscription, le sous-secrétaire d'Etat a cru de son devoir de faire, même auprès des humbles, une active propagande en faveur de l'emprunt. Chez les ouvriers, chez les paysans qu'il allait trouver jusque dans leurs champs pour les inviter au devoir patriotique, il eut la joie profonde de constater une admirable spontanéité. Il en entendit lui dire : *J'ai donné mes fils à la Patrie; pourquoi ne lui donnerais-je pas l'argent que j'avais amassé pour eux?* Un vieux combattant de 1848 regrettait devant lui d'être empêché par son grand âge d'aller se battre sur le Carso et d'y être représenté seulement par son fils. Celui-ci, d'humeur débonnaire, redoutait, au départ, non pas de se battre, mais de répandre le sang. La guerre transforma vite ces dispositions pacifiques en un bouillant courage. « Je ne demande qu'à tuer tous les Autrichiens que je vois », écrivait le soldat à son père. Et le père, dans sa joie, s'inscrivit pour 100 francs.

C'est ainsi qu'un seul dimanche, en parcourant huit petites communes, le sous-secrétaire d'Etat fit souscrire jusqu'à 117,000 francs. La ville de Varese, à peine remise d'un terrible désastre financier (une banque avait naguère enlevé trente millions à l'épargne locale), contribua à l'emprunt pour cinq millions et demi.

— D'autre part, me disait l'homme d'Etat, notre Caisse d'épargne de Milan, la plus puissante institution de ce genre en Lombardie, a vu, bien que la ville se fût déjà inscrite pour 198 millions, augmenter de nota-

ble façon ses dépôts, du 1.er au 11 juillet, dates extrêmes de l'emprunt.

Le sous-secrétaire d'Etat aux Finances estime que,
le jour venu d'un nouvel emprunt, pour assurer le succès de celui-ci, il suffira d'abréger et de simplifier les
formalités de la souscription, de façon à en retrancher
tout ce qui paraîtrait une inquisition, même indirecte,
sur les ressources des souscripteurs. Il serait également
du plus heureux effet que, sur présentation de sa feuille d'emprunt, le paysan et l'ouvrier pussent, le cas
échéant, toucher dans une banque d'émission le dix
pour cent ou le vingt pour cent de leur souscription.

— Alors, conclut judicieusement M. Pavia, bien
des gens qui, aujourd'hui comme dans tous les pays
jeunes, dissimulent leurs économies, se décideront à
reconnaître que, dans notre chère patrie, la caisse la
plus sûre est celle de l'Etat, qui non seulement conser-
ve, mais fait fructifier l'argent du labeur et de l'épargne. Ah! mon cher Basset, ajoute le ministre, quand la
paix viendra, si la France veut traiter l'Italie en vraie
sœur et travailler avec elle, que de belles choses on
pourra réaliser pour le progrès et la prospérité économiques des deux nations!...

IX

AU CHEVET D'UN HÉROS

Milan, Ospedale Maggiore, 12 juillet 1915.

C'est à l'hôpital Majeur, où il a été transporté il y a deux mois, à la suite de sa terrible blessure, que j'ai pu voir le général de Rossi.

Malgré soixante jours d'atroces souffrances, la figure est restée jeune et fine. Les traits sont empreints d'une indomptable résolution. L'œil est clair et à chaque instant plein de flammes.

Ses premiers mots furent pour me parler avec éloge de l'armée française. En l'écoutant, non sans émotion, je me rappelais ce qu'on m'avait dit du général de Rossi, et je jugeais que ces éloges prenaient une singulière valeur dans la bouche d'un tel homme. Colonel du 12. bersaglieri, le jour même de la déclaration de guerre, il avait franchi la frontière à la tête de son régiment. Le 31 mai, il prenait position devant le redoutable Monte Nero et, le lendemain, il en attaquait le premier éperon, le *Mizzli Wrli*, ou Montefreddo. Cet éperon surplombe la vallée de toute sa masse. Ses lignes de tranchées, ses ouvrages avancés semblaient défier toute attaque. Il fallait, sous le feu plongeant d'un ennemi soigneusement *défilé*, escalader des pentes escarpées d'une hauteur de 12 à 1400 mètres.

Adoré de ses hommes, le colonel de Rossi savait qu'il pouvait leur demander beaucoup. Il se lança résolument à l'assaut. Commencée dans l'après-midi du premier juin, sous un feu meurtrier, l'attaque se poursuivit presque sans arrêt, toute la nuit et la journée du lendemain. Au premier rang de ses six compagnies de bersaglieri, le colonel se prodiguait. Pour mieux encourager ses hommes et, comme s'il allait à une fête, il avait mis son plumet de parade.

Vers quatre heures et demie de l'après-midi, par suite de l'avance des bersaglieri, le tir de l'artillerie, qui soutenait l'attaque, devint trop court. Le colonel de Rossi fit signaler aux batteries d'allonger leur tir pour que des éclats d'obus ne vinssent point frapper ses soldats. Un signal mal interprété arrêta net l'action de l'artillerie; et brusquement, devant ce silence imprévu des canons italiens, les tranchées et le sommet du Montefreddo ouvrirent sur les assaillants un feu terrible. Cette surprise pouvait déterminer une hésitation, amener un fléchissement dans l'élan des compagnies. Mais, d'un coup d'œil ayant jugé la situation, le colonel de Rossi enlevait déjà ses hommes. De la voix et du geste, il leur rendait toute la confiance des premières heures de l'assaut et de nouveau il les lançait en avant avec une fougue irrésistible.

C'est pendant cette ruée épique que le colonel tomba, frappé de deux balles. L'une lui brisait le bras, l'autre, au moment où il se retournait pour jeter à ses hommes un nouvel encouragement, le traversa de part en part, en brisant (à ce qu'on crut d'abord) la colonne vertébrale. La violence du coup avait jeté l'officier par terre. Il essaya de se relever, mais ses jambes étaient comme mortes. Il s'assit alors comme il put et, de sa voix la plus chaleureuse, il se mit à exhorter ses soldats, sans vouloir qu'on s'occupât de lui. Il fallut l'arracher, de force, du milieu du combat.

De l'autre versant de la vallée, le roi avait assisté à l'action. Sur le soir il descendit à Caporetto, où le blessé avait été transporté; et là, en le félicitant et en le remerciant, il lui annonça sa promotion au grade de général et aussi qu'il le décorait de la médaille de la valeur militaire, l'équivalent de notre médaille militaire française.

Ces souvenirs me revenaient en mémoire, pendant que je causais avec le général. Mais si sa femme et sa fille, justement fières de tant de courage, évoquaient les souvenirs de cette journée glorieuse, lui, doucement, leur imposait silence, subitement gêné. Au contraire, quelle joie quand on lui parlait de son régiment!

« Mes hommes se sont admirablement comportés sous la mitraille, me dit-il un moment. Bien que la plupart des officiers fussent hors de combat, ils n'ont pas fléchi. Les braves enfants!... Si vous saviez comme ils ont tenu!...

« Je crois bien qu'ils avaient tenu, les bersaglieri. Enflammés de colère et de douleur, en voyant tomber leur chef, ils s'étaient promis de le venger, coûte que coûte (on le disait mort à ce moment-là). Et, deux jours après, la bannière de Savoie flottait sur le Montefreddo.

« J'ai eu une profonde satisfaction en apprenant leur conduite. J'étais pour eux un chef sévère, mais je m'efforçais d'être juste. Ils m'ont prouvé qu'ils comprenaient mon attitude. Ç'a été pour moi un réconfort que de les voir soutenir ainsi l'honneur du régiment et faire aussi bien leur devoir. *Le devoir, monsieur, tout est là. Il n'y a que le devoir. Qu'importe le reste?* »

Le reste, c'était cette blessure effroyable à l'épine dorsale, qui dessine une cicatrice pleine de coutures sur plus de trente centimètres de longueur; c'était la paralysie des jambes (on pourra heureusement la guérir), c'était des semaines d'horribles souffrances, sans voir la fin de tant de tortures. Mais tout cela, ce cœur stoïque ne voulait pas qu'on le mît un instant en balance avec ces trois mots éblouissants : « Le devoir accompli ».

Il me montra une photographie que le petit prince Humbert venait de lui envoyer. Dans une dédicace pleine de délicatesse, l'héritier de la couronne félicitait le général de sa promotion et lui adressait ses vœux de prompte guérison. Comme bien on pense, le blessé avait été très touché de l'attention et il m'en parlait avec une joie attendrie. Mais après un détour, sa pensée revenait sans cesse à ses hommes. Et c'est avec une nouvelle flamme dans les yeux et un accent capable d'émouvoir les plus rudes qu'il me répétait :

— Oui, ils se sont comportés en dignes fils de l'Italie. Rien n'égale, pour un chef, la joie de voir que ses hommes ont fait comme cela leur devoir.

Et il n'a qu'une pensée : celle de les rejoindre.

— Ah! repartir! soupirait-il; que ne donnerais-je pas pour repartir! Est-il possible que mon régiment retourne au feu sans que je sois au milieu de mes hommes!

TROISIÈME PARTIE:

A TRAVERS L'ITALIE

———

I

LA RÉPUBLIQUE DE SAINT-MARIN

Saint-Marin, 17 juin 1915.

Depuis deux jours, j'ai sous les yeux un noble spectacle : celui d'un petit État, le plus mince de tous par les soixante kilomètres carrés de son territoire, sa population de 11.000 habitants à peine, et qui cependant, par son culte pour la liberté, la solidité de ses vertus et l'ardeur de son patriotisme, s'égale aux plus grands.

Je veux parler de la république de Saint-Marin. On a dit ces jours derniers qu'elle venait de déclarer la guerre à l'Autriche. Et certains n'ont pu s'empêcher de sourire. Saint-Marin n'a point songé à cette vaine démonstration. Elle ne mettra en ligne ni ses quatorze gardes-nobles, ni ses soixantedouze miliciens. Mais elle donne ses fils et son or à sa mère, l'Italie; et son vieux sang bout depuis qu'elle a entendu tonner sur l'Adriatique les canons qui saluent l'aurore de la liberté.

Comment en serait-il autrement? Depuis sa fondation, au quatrième siècle, si l'on en croit la tradition, par un tailleur de pierres, Marin, canonisé depuis par l'Église, et qui, comme un nid d'aigles, sur une haute cime, accrocha une citadelle et une bourgade à huit cents mètres d'altitude, sur le mont Titan, en face de l'Adriatique verte et bleue, l'histoire de la République n'a été qu'un élan vers l'histoire en défendant contre tous son indépendance et celle des huit villages instinctivement blottis au pied de la roche escarpée. Au moyen âge, les turbulents Malatesta, les ducs d'Urbino, les évêques tentent vainement de faire violence à ces rudes montagnards. Plus tard César Borgia se flatte de les réduire par la terreur; au dix-huitième siècle, le cardinal Alberoni par la ruse. Les San-Marinois triomphent de tous les complots. Et leur étendard blanc et bleu continue à arborer sa glorieuse devise : *Libertas*.

Cette devise constitue le fonds du patrimoine national et de leur caractère. Dans toute l'étendue de la République, on ne peut faire un pas sans la rencontrer sur les étendards, les monuments, les armoiries. «*Je vous laisse libres de toute attache avec quiconque* », avait dit en mourant à ses fils le fondateur de la cité. « *Liberté maintenant et toujours* », redisent les édifices publics. Sur les portes de la salle du grand conseil, une recommandation s'impose aux élus : « *Garde ton esprit libre en délibérant.* » Dans la Piève, leur cathédrale, une statue domine l'autel et le Christ, celle de saint-Marin, «*fondateur de notre liberté* », dit une inscription. En 1797, Bonaparte, alors grand ami des républiques, pour témoigner son estime à celle-ci, lui offre d'agrandir son territoire. Mais s'annexer une terre étrangère, c'est arracher leur liberté à d'autres hommes; c'est aussi diminuer la sienne. Les montagnards déclinent l'offre du futur empereur. Et à celui qui a refusé le dangereux présent, Antonio Onofri, ses compatriotes décernent le titre de Père de la Patrie.

Cette passion jalouse pour leur indépendance a été toujours la première et la dernière pensée de leur constitution. Un seul pouvoir : le peuple; il élit un « *Conseil grand et général* » de soixante membres. Celui-ci arrête le budget (de 900.000 francs cette année); il décide des principales affaires. Il délègue le pouvoir exécutif à deux *capitaines régents,* tirés au sort dans son sein et renouvelables tous les six mois. Ces deux chefs de l'Etat sont responsables de leurs actes et le dimanche qui suit leur sortie de charge, l'*Arengo,* ou assemblée du peuple, peut les faire comparaître devant lui et leur demander des explications. Si, pendant la durée de leur mandat, ils ont le titre d'Excellence; si, aux jours de fête, ils arborent un somptueux costume de seigneur du moyen âge; s'ils sont les grands maîtres de l'ordre équestre de Saint-Marin, leur mandat expiré, il redeviennent de simples citoyens sans titres ni décorations. Ils ont fait leur devoir, que leur conscience les récompense!

Quand s'est constituée l'unité de l'Italie, quand les diverses principautés se sont fondues en une monarchie, Saint-Marin, elle est restée en république. Mais elle n'en a pas moins senti battre son cœur au souffle de liberté qui transportait les âmes de Turin à Palerme. Elle s'est donnée autant qu'elle le pouvait au nouveau royaume. Elle s'est proclamée *république italienne*, et elle s'est prise à adorer la mère commune, *la Madre Italia*. Ses rapports avec elle ont été désormais tous de tendresse et de déférence, comme ceux d'une fille indépendante qui, sans habiter sous le toit de sa mère, l'entoure de soins, de respect et d'amour.

Dès les premiers jours de la guerre, cet amour s'est manifesté. Il n'y avait qu'un cri dans toute la République : « *A bas l'Autriche et les ennemis de la liberté!* » Les érudits rappelaient que Saint-Marin n'ayant pas été compris, en 1859, dans le traité de paix conclu avec l'Autriche, la République se trouvait depuis ce temps-la, au point de vue protocolaire, en état de guerre avec François-Joseph. Les notabilités du pays se réunissaient et se hâtaient de tracer un programme de collaboration (*di concorso e di soccorso*) avec la mère commune.

Il y a, à Saint-Marin, quelques socialistes. De vagues rumeurs de neutralité ayant couru, quelques jeunes gens se groupaient frémissants de colère et rédigeaient un éloquent manifeste :

    « *Pour l'Humanité! Pour l'Italie!*
        Pour la Patrie San-Marinoise!

    « Jeunes gens de la République,

    « Un Comité vient de se constituer pour manifester les sentiments de solidarité qui nous animent envers les peuples opprimés et envers notre mère patrie, l'Italie. Nous ne saurions mieux répondre à cette noble initiative qu'en offrant nos jeunes énergies et notre sang pour le triomphe de l'Italie et de la civilisation.

« Pendant que certains petits esprits ergotent et hésitent sur le point de savoir si l'on doit proclamer la neutralité, nous affirmons, hautement, que si nos seize siècles d'histoire consacrent notre liberté, ils ne nous donnent pas le droit de nous séparer du reste du monde et d'oublier que nous sommes surtout des Italiens!

« Jeunes gens de Saint-Marin, à d'autres, aux démagogues qui ne vivent que pour leur ventre, aux exploiteurs de notre renommée, aux eunuques de la politique, laissons le souci de l'assiette au beurre; nous autres, *revendiquons le droit d'accomplir notre devoir.* Nous ne saurions rester insensibles au *cri de douleur et aux plaintes qui montent vers nous des plages de l'Italie et de l'Europe qui voudraient piétiner les Barbares.*

« Marchons tous aux côtés de nos frères d'Italie.

« Saint-Marin, le 4 juin 1915.

« UN GROUPE DE JEUNES GENS. »

Ce vibrant appel fut entendu. D'autant plus que la veille, un aéroplane autrichien accouru de Pola avait bombardé Rimini qui, à vingt-cinq kilomètres de Saint-Marin, vit sa vie paisible sur les bords de l'Adriatique. L'avion ennemi avait jeté bas une maison, tué une femme et un enfant. L'indignation contre cet acte de brigandage fut de l'huile sur du feu. Des enrôlements pour le front italien s'organisèrent aussitôt à Saint-Marin. Au nom de la République, les deux régents adressèrent au roi Victor-Emmanuel un télégramme ému affirmant la solidarité de celle-ci avec le royaume et lui présentant leurs vœux pour l'éclatant succès des armes italiennes. Dans leur colère et dans leur enthousiasme, la jeunesse offrait son sang, les femmes, les vieillards de l'argent, des provisions, du linge. Un manifeste des citoyennes de Saint-Marin était affiché:

LA RÉPUBLIQUE DE SAINT-MARIN

« Au noble élan des femmes italiennes, *que les transports d'amour, la générosité et l'esprit de sacrifice des femmes de Saint-Marin répondent!* Qu'elles sentent à l'unisson du cœur romain battre leur cœur plein d'amour et de confiance. Adressons à la Rome éternelle les soupirs et les vœux de notre âme san-marinoise, appelant sur les étendards de nos frères italiens le triomphe et la gloire! »

J'ai rendu visite aux deux capitaines régents en fonctions depuis le 1.er avril. L'un, M. Moro Morri, est avocat; l'autre, géometre et ingénieur-agronome. Il s'appelle Antonio Borgagni. Sur la route de Bordo-Maggiore il habite une maison toute simple aux volets verts. Dans un petit bureau aux meubles de sapin, comme on en voit dans nos villages, interrompant son repas, il m'a reçu en veston, avec la courtoisie d'un gentilhomme campagnard. Il est grand, fort, avec un visage plein de bonhomie.

— L'Italie est la Mère commune, m'a-t-il dit... Elle triomphera des barbares et son triomphe me remplira de joie. Nos cœurs battent aussi pour la France : c'est pour nous une vieille amie.

L'autre capitaine régent, l'avocat M. Moro Morri, habite sur les pentes de Serravalle. Dans un salon modeste au mobilier sans luxe, j'ai causé quelques minutes avec lui comme le peut faire n'importe qui. Car les régents reçoivent tout le monde et à toute heure. Aussi robuste d'apparence, mais plus petit que M. Antonio Borgagni, il a, lui aussi, une physionomie expressive, d'intelligence avisée. M. Moro Morri s'exprime avec réserve. Ses sentiments sont toutefois identiques à ceux de son collègue qu'il appelle « son ami ». Comment ne souhaiterait-il pas le triomphe des nations qui luttent pour la liberté du monde?...

Aux deux présidents de cette république patriarcale est allouée une indemnité de trois cents francs chaucun, pour la durée de leurs fonctions, soit un magnifique traitement de cinquante francs par mois. Aux autres dignitaires de la république, les secrétaires d'Etat à l'Intérieur, aux Affaires étrangères et aux Finances, placés directement sous les ordres des deux capitaines régents, la Constitution donne des appointements de maître d'école, chez nous. Deux mille francs par an, sur le mont Titan, c'est une fortune! Dans le palais du gouvernement, j'ai pu m'entretenir avec plusieurs des hauts fonctionnaires. Leur simplicité et l'élévation de leurs idées forcent l'admiration des plus sceptiques. Autre originalité : ils ne font jamais attendre l'arrivant. On est introduit chez eux aussitôt. Ils m'ont parlé de la France en termes qui m'ont touché. Ils m'ont rappelé qu'elle avai toujours été une sœur tendre et douce pour Saint-Marin; et que mille témoignages pourraient établir, s'il le fallait, cette longue amitié jamais dénouée.

— Vous vaincrez certainement, me disaient-ils, et votre victoire, comme celle de l'Italie, sera celle de la Liberté.

Comme je quittais le palais gothique du gouvernement :

— *Buon augurio per la Francia e l'Italia* (Mes meilleurs vœux pour la France et l'Italie), me dit dans un élan le secrétaire d'Etat à l'Intérieur.

Partout, au reste, dans la ville aux ruelles escarpées, sur le Pianello, la terrasse gouvernementale d'où l'on domine un magnifique décor de collines qui semblent autant de vagues pétrifiées dans leur élan vers Saint-Marin; dans les boutiques, à l'hôtel, j'ai senti autour de moi les plus vives sympathies pour la France et pour les alliés. On m'apprit, évidemment pour me réjouir, que quatre *frati* prévenus d'espionnage avaient été arrêtés à Ancône, qu'on les avait enfermés, là, dans la forteresse et qu'ils seraient bien malins s'ils s'échappaient. On me raconta même que trois Allemands étaient venus secrètement, pendant l'hiver, pour détruire un appareil de télégraphie sans fil disposé sur la grande tour du mont Titan. Mais au gouvernement on m'assura qu'il n'en était rien. On veille ici. Je crois qu'Autrichiens et Allemands feront bien de ne s'y point hasarder. Ils ne tarderaient pas à s'en repentir.

A deux pas du palais gouvernemental habite un fonctionnaire particulièrement aimé et apprécié, san-marinois de cœur : le consul d'Italie. Quand j'allai le prier de viser mon passeport, il me parla, en termes pleins de noblesse, de la lutte entreprise par son pays et de la grandeur de la France.

— Nous sommes maintenant tous des frères, me déclara-t-il avec une joie qui faisait briller ses regards.

Bien que souffrant, il tint à me reconduire jusqu'à la porte et, sur le seuil, pris d'une émotion qu'il ne cherchait pas à dissimuler, il me serra les mains avec force en me disant :

— Bon voyage, monsieur, et, n'est-ce pas, vive la France!

Il faut les avoir entendus, proférés d'une certaine façon, à des centaines de kilomètres de notre pays, ces trois simples mots : « Vive la France! », pour savoir à quel point ils peuvent remuer le cœur...

———

II

EN PASSANT PAR VERONE

Vérone, Piazza delle Erbe, 26 juin 1915.

On a écrit que Vérone, socialiste et amie de la neutralité avant la guerre, se tenait un peu à l'écart du grand mouvement patriotique de l'Italie. N'en croyez rien; son cœur bat à l'unisson de Rome, de Milan, de Florence. J'ai pu aujourd'hui me convaincre surabondamment de cette vérité.

En arrivant ici, ce matin, à la pointe de sept heures, j'eus l'occasion d'assister au départ d'un détachement de volontaires alpins dirigés sur la ville d'Ala, dans le Trentin. Les femmes avaient paré de fleurs les soldats, comme pour une fête. Sur les quais, entourés, embrassés, félicités, ceux-ci allaient et venaient, s'interpellant, riant, chantant ou bavardant avec leurs proches et leurs amis. Dans les groupes, une délicieuse jeune fille, la sœur d'un volontaire, distribuait des cocardes aux couleurs de la patrie, des cigarettes, des friandises. Et ceux qui ne riaient pas, la regardaient, attendris...

Quand le train stoppa qui devait emporter ces soldats vers la gloire, il y eut comme une flambée d'enthousiasme. Parents, amis criaient : « Vive l'Italie! » Ils tenaient embrassés les êtres chers qui partaient; puis, desserrant leur étreinte, ils recommençaient à acclamer le roi ou M. Salandra. Un tonnerre de bravos et de vivats, traversés d'hymnes guerriers, roulait dans la gare. Toute pâle, les yeux brillants de fièvre patriotique, la jeune fille criait de toutes ses forces; et elle ne s'interrompait que pour envoyer des baisers éperdus à son frère, aux volontaires, les confondant tous, pour un instant, dans la même tendresse.

Pour assister à ce spectacle, j'avais laissé repartir mon train. Je m'en consolai si bien que je décidai de passer la journée dans la cité de Roméo et de Juliette. Je ne m'y promenai point en pèlerin romantique. Il y a mieux à faire et à voir en ce moment. Vérone fourmille de soldats. Sa proximité (une quarantaine de kilomètres du lac de Garde et une soixantaine du premier front italien) l'a naturellement désignée comme un point de concentration. De 70.000 âmes, sa population a brusquement monté à plus de 100.000. De plus, dans les environs sont cantonnées de nombreuses et importantes unités militaires. C'est assez dire que cette ville silencieuse à l'ordinaire et comme absorbée dans les tragiques souvenirs de son histoire, est aujourd'hui animée, populeuse, débordante de vie.

Au salutaire contact de ces hôtes guerriers, la ville s'est transformée. Sur cette population conduite par une municipalité socialiste, les empires du centre s'étaient flattés d'étendre une influence secrète, mais sûre. Même les Autrichiens, si haïs, tenaient une partie de la cité par un certain nombre de maisons de commerce. Comme toujours, attendant la bonne aubaine d'un coup à tenter ou d'un espionnage à réussir, les Allemands s'y étaient tapis, à l'affût. Je ne jurerais pas que tous ces ennemis de l'humanité aient quitté Vérone. Mais connus et surveillés, ils sont désormais réduits à l'impuissance. Une fois de plus, triomphant des préférences politiques, le patriotisme italien s'est affirmé à Vérone comme dans toute la Péninsule et s'est dressé contre l'ennemi commun.

Connaissez-vous d'affiche plus enthousiaste et plus grandiloquente que celle ci, dont j'ai copié la texte sur la fameuse *Piazza delle Erbe* (la place du Marché). Elle présente cette particularité qu'elle est adressée à un mort; mais ce mort incarne encore, comme jamais être humain le put faire, l'âme de tout un peuple :

GARIBALDI

« Aujourd'hui que l'Italie, l'Italie entière se sent transportée d'un même frisson d'humanité et d'un semblable désir d'action, séduite par la même glorieuse vision de la justice internationale; c'est vraiment aujourd'hui que l'Italie peut procéder à une digne commémoration de ton ascension dans l'immortalité, ô notre Garibaldi! Car aujourd'hui, ô père de la patrie, chevalier errant de l'humanité, chef des soldats de Marsala, de Mentana et des Vosges; ô toi, aïeul des héros de l'Argonne, l'Italie peut te dire non seulement : « Père, je te loue »; mais aussi : « Père, je te suis! »

« Oui, o chef, elle te suit, l'Italie, parce que, dans cette guerre de justice, elle est inspirée par ton âme elle-même. Elle voit et elle veut, dans cette guerre, la fin de toutes les oppressions et par celà même de toutes guerres et aussi l'ère nouvelle des luttes de la paix autrement fécondes parmi lesquelles, au sein des nations rachetées, s'édifiera le règne de la justice entre les classes sociales et l'exaltation du travail comme le plus beau titre de la grandeur humaine.

« Que de toi nous viennent, ô Garibaldi, l'ardeur dans la bataille, la splendeur de notre idéal, la foi dans la victoire certaine, maintenant et toujours!

« *Le syndic* : ZANELLA. »

Cette invocation, brûlante comme de la lave, au héros de l'indépendance, est signée du maire de Vérone, comme on le voit, de M. Zanella, et contresignée de ses adjoints, MM. Barbesi, Bigardi Felice, Levi, dottor Giacomo, Magnanotti, Alvise, Olivieri, Pelandra, Valthan, Vicari, G. Fassio. Dira-t-on encore, après l'avoir lue, que Vérone reste secrètement favorable à la neutralité?...

L'après-midi, j'allai, comme tous les badauds, voir ce qu'on appelle le tombeau de Juliette. Aussi bien que moi, vous savez que Roméo et Juliette n'ayant existé que par le génie de Shakespeare, il ne peut y avoir, au sens réel du mot, aucune espèce de tombe de l'amante de Roméo. Ce qui n'empêche pas qu'on en montre une à tout venant, pour 0 fr. 50. Je tins à voir l'objet. Au fond d'un petit jardin, sous une colonnade gothique, on m'invita à admirer un grand bloc de pierre creusé en bassin. Tous les cœurs sensibles y viennent rêver et l'on y a jeté des milliers de cartes de visites. Mon guide me murmura à l'oreille qu'il se souvenait parfaitement avoir vu, il y a une trentaine d'années, non loin de là, des gens faire la lessive dans le bassin de pierre. Et la gardienne du tombeau ne nia que faiblement. Quand j'eus versé un pleur sur le tombeau-lavoir, je bavardai avec la gardienne. C'est une veuve accorte et rieuse qui, me dit mon guide, passait jadis pour germanophile. Je n'en crus rien. Elle était bien trop fine pour cela. Comme la plupart des femmes, elle a l'horreur de la guerre, voilà tout. Elle m'affirma avec énergie que puisque Dieu avait voulu celle-ci, il fallait la conduire jusqu'au bout, sans faiblesse. Elle ajouta :

— Je ne connais rien à toutes ces choses-là; mais il faut écraser l'Autriche et l'Allemagne si, comme on le dit, elles veulent réduire le monde en esclavage.

Un peu plus tard, au coin d'une rue, je m'arrêtai devant le médaillon de marbre destiné à perpétuer les traits de Cignarlo, un peintre du XVIII siècle, à qui un empereur d'Autriche, dit l'inscription, rendit un jour visite en 1769 pour lui déclarer solennellement qu'il le considérait comme le plus grand peintre du monde. Cet empereur s'appelait, lui aussi, François-Joseph. Pendant que je regardais Cignarlo, un monsieur brun au visage énergique, s'approcha et me dit, en me montrant le médaillon :

— Ce François-Joseph là, c'était un brave homme. Celui d'aujourd'hui est le plus féroce et le plus inintelligent des bourreaux. Il a mérité cent fois d'être accroché à un gibet... Il en aura un compte à régler là-haut, ce vieil assassin.

Je rapporte textuellement les paroles que j'entendis. Je savais déjà que c'est un lieu commun en Italie que d'appeler l'empereur d'Autriche : « *le Père la Potence* ». Je l'entendis répéter quelques instants après encore à la gare où je courus, quand on me signala un passage de prisonniers autrichiens. Le secret avait été gardé. Il n'y avait que de rares curieux sur le quai devant lequel s'arrêtèrent quatre wagons pleins de soldats ennemis. Aux portières, ceux-ci montraient des visages tranquilles, presque joyeux. Ceux que je pus voir avaient une physionomie naïve et l'air ridicule. J'allais en interroger un ou deux qui se balançaient gauchement, comme des bêtes en cage, quand un arrivant s'interposa :

— Vous n'allez pas lier conversation avec ces gens-là, je pense ?

Je reconnus le monsieur brun au visage énergique qui m'avait abordé sous le médaillon de Cignarlo. Lui aussi était venu voir passer les prisonniers.

— Regardez-les donc, disait-il avec un accent d'indicible mépris. Vous voulez savoir ce qu'ils pensent ? Une seule chose : c'est qu'il sont assurés désormais de manger tous les jours à leur faim! Ils mériteraient pourtant d'être traités comme ils aidaient leur empereur à traiter nos frères de Trieste.

— Je n'y verrais, pour ma part, aucun inconvénient, déclarai-je.

—Vous me faites plaisir, me dit-il en me serrant la main.

Après le départ du convoi, mon nouvel ami m'accompagna un grand moment en me dépeignant, sous les plus vives couleurs, la tyrannie exercée par les Autrichiens sur les malheureux habitants de Trieste et du Trentin. «Quelques jours avant la guerre, me raconta-t-il, une petite fille échappée de Trieste avec ses parents, dînait chez moi. Comme elle s'endormait, la mère la prit sur ses genoux. Déjà à moitié assoupie, l'enfant croyant qu'on la couchait, commença sa prière du soir :

« Seigneur Jésus, disait-elle, préservez M. Salandra et
le roi d'Italie, notre père, des pièges et des assassins
et faites que leurs armées viennent bientôt nous délivrer,
car nous sommes trop malheureux! »

— Je vois à quel point les Autrichiens sont détestés
ici, lui dis-je. Et les Allemands? En va-t-il de même
pour eux?

— Je vous repondrai, fit mon compagnon par ce
simple fait. Ce matin un Français, de passage ici, parlait l'italien avec un accent si guttural qu'on le prit
pour un Teuton. Avec cela, il avait une grosse moustache dure aux pointes hérissées, comme n'en ont pas les
honnêtes gens. Il se promenait, regardait, questionnait,
enquêtait. Quelques habitants le regardaient de travers.
Dans un magasin avant de le servir on l'avait prié d'in-
diquer sa nationalité. Un moment après, un soldat d'infanterie s'avança vers lui et lui dit brusquement : « Êtes-
vous un Tudesque? Si oui, je vous engage à vous en aller. Il pourrait y avoir pour vous des risques à rester
ainsi dans Vérone... »

J'éclatai de rire. C'est à moi qu'était arrivée, dans
la matinée, cette plaisante aventure. Et je ne me serais
jamais consolé d'avoir été pris pour un Teuton, si cela
ne m'avait pas permis de constater à quel point l'Allemand est ici haï et surveillé. Toutefois, en rentrant à
Milan, je pris la résolution de surveiller mon accent et
je fis tailler les pointes de mes moustaches.

III

VENISE NE S'EMEUT PAS

Venise, 1.er juillet 1915.

Au bout de cinq semaines de guerre et après la visite, à trois reprises, d'aéroplanes austro-allemands, il semble qu'on puisse définir ainsi la physonomie de Venise : « Quelques habitants sont partis; on a pris les précautions indispensables; on attend sans émotion apparente. » La ville n'a rien perdu de sa toute-puissante séduction; et c'est toujours, dans l'impressionnant silence, « Vénus qui s'endort mollement sur l'onde ».

Il a fallu, cependant, la prémunir contre le vandalisme hautement annoncé des Autrichiens. D'accord avec l'amirauté, et pour sauvegarder la beauté de la ville et d'abord de ses plus célèbres monuments, la municipalité s'est donc vue contrainte à certaines mesures provisoires qui désoleront tous les artistes épris de Venise. Mais ceux-ci se consoleront en pensant qu'ainsi d'inappréciables trésors d'art se trouvent préservés.

Le palais ducal et la basilique de Saint-Marc se trouvaient surtout menacés. On a donc consolidé les trente-deux arcades du palais, au moyen de solides supports en brique dure, pour éloigner tout danger d'effondrement, sur quelque point de l'original édifice. L'effet, certes, est disgracieux, mais, le cas échéant, la précaution serait salutaire. On travaille en outre à protéger les parties les plus précieuses du monument par des revêtements de maçonnerie. Telle une femme qui redouterait des entreprises trop hardies, l'antique demeure des doges aura comme un masque sur sa beauté.

Où ces précautions, il faut bien le dire, indispensables, attristent le plus les visiteurs, c'est dans Saint-Marc. Dès l'entrée, on reste désagréablement impressionné par une pyramide de sacs de sable qui cache la vue de la plus ancienne des cinq portes monumentales. Les merveilleuses mosaïques de la façade, consacrées à la gloire du patron de Venise, sont dissimulées sous des tentures grises, et les fameux chevaux de bronze ont quitté leur piédestal.

En pénétrant dans l'intérieur de la basilique, le cœur se serre. Est-ce un chantier de maçonnerie ou le sanctuaire vénéré par des siècles de foi? Juchés en tronc de cône, des sacs de sable entourent les piliers et certaines parties plus fragiles de l'architecture. A l'entrée du chœur, les chaires de marbre disparaissent derrière des échafaudages, et les quatorze statues de la Vierge, des apôtres et de Saint-Marc, merveille du jubé, enveloppées de laines et de couvertures, dessinent un alignement de formes étranges, quasi fantômatiques, dans le demi-jour mystérieux de l'église. Le maître autel s'entrevoit à travers des charpentes protectrices, et une double rangée de sacs de sable, placés là aussi, lui constituent un toit, un abri, un bouclier. L'idée de donner des ordres pour qu'on respectât Saint-Marc n'a jamais traversé l'esprit du très pieux et très catholique empereur François-Joseph. Et à voir la transformation de la basilique, une femme du peuple, dans un coin, sanglote à genoux sur les dalles de marbre. Auprès d'elle, un homme, son mari, s'efforce en vain de la consoler en lui répétant que « la gloire de la basilique renaîtra ».

Oui, elle renaîtra dans toute sa splendeur, de même que les toiles des maîtres, transportées dans les villes du centre, reprendront leur place et retrouveront leurs admirateurs dans les musées aujourd'hui fermés et que rouvrira la paix. Et le campanile, *rebâti mainte-nant pour des siècles*, me disait le syndic de Venise, attestera pendant des siècles la victoire de la civilisation.

En attendant la victoire, Venise accepte le sort et se résigne à souffrir. Mais la fierté de son silence ne doit pas faire illusion sur l'étendue et la profondeur de sa souffrance. Il suffit de se promener autour de la place Saint-Marc, sous lès arcades du palais royal et du palais du Sénat, pour se rendre compte du grand nombre de magasins fermés. Les étrangers, les curieux, les fidèles de cette ville de poésie et de rêve constituaient la grande ressource. La guerre a retenu les uns dans leur pays; d'autres ont eu peur des aéroplanes. Tout le commerce se trouve donc paralysé, presque anéanti. Le Lido est désert et ses hôtels fermés. Chaque année, des milliers d'Allemands et d'Autrichiens venaient passer l'été sur cette plage à la mode. A l'automne et au printemps, les Anglais, les Français, les Russes prédominaient. Cette clientèle a momentanément disparu. Et dans la ville, les pigeons de la place Saint-Marc, nourris naguère et engraissés par les cornets de maïs des visiteurs, ont dû recevoir de la municipalité double et triple ration.

Le maire de Venise, le comte Grimani, voulait bien s'entretenir tout à l'heure avec moi de la situation faite à Venise par la guerre.

— Notre ville a commencé à souffrir, me disait-il, dès les premiers jours de la conflagration européenne. Nous traversons maintenant une seconde crise, la plus aiguë, la plus douloureuse. Les étrangers ont à peu près complètement disparu et que d'hôtels vides! La proximité des opérations de guerre effraie nos visiteurs habituels. Si l'on y songeait, on verrait pourtant qu'il n'y a pas plus de danger ici qu'ailleurs. Trois aéroplanes sont venus, il est vrai, les premiers jours. Qu'ont-ils fait? Ils n'ont jamais plus reparu depuis que des mesures ont été prises. Nous sommes merveilleusement défendus. Sept postes d'observation guettent nuit et jour l'ennemi. Nous avons l'aide de l'aviation française admirablement représentée ici par des officiers remarquables et d'une intrépidité au-dessus de l'éloge. La prise de Monfalcone a privé d'ailleurs l'ennemi d'une de ses bases les plus importantes. Notre marine nous met à l'abri de tout danger de bombardement. Aussi avons-nous ouvert comme d'habitude la saison des bains du Lido et affermé les cabines municipales. Que les Français, que les alliés viennent donc; il seront très bien accueillis ici et *nous nous réjouirons ensemble de nos victoires.*

Depuis vingt ans, soutenu par la confiance et l'affection de ses concitoyens, le comte Grimani est maire de Venise. A l'hôtel de ville, il perpétue les glorieuses traditions de sa famille, qui compta des doges et des personnages considérables dans l'histoire de la République. Ce grand seigneur représente Venise avec une dignité saisissante. Je n'en ai éprouvé que plus de plaisir à l'entendre me parler de la France en des termes pleins de sympathie :

— *Nous n'oublions pas le passé. Et voilà que le présent nous rappelle les beaux jours du passé : Magenta, Solférino, toute l'épopée de 1859. Nous retournons à des alliances naturelles après avoir rompu les alliances qui étaient contre nature.*

Le comte Grimani évoquait devant moi, à se propos, des souvenirs de sa jeunesse, ceux d'une visite qu'il fit, en 1866, à l'escadre française, mouillée dans le port de Malamocco, à l'extrémité sud du Lido. A cette occasion, des fêtes furent données en l'honneur de nos marins et la population vénitienne leur fit un accueil chaleureux.

— C'était le beau temps, fait le comte Grimani, rêveur. Puis il ajoute avec grâce : *Mais je crois que ces beaux temps sont revenus.*

Le maire de Venise se déclare légitimement fier de l'attitude de ses concitoyens. Il se plaît à constater, quoi qu'on ait dit, leur fermeté, leur résolution, leur confiance. L'abnégation des commerçants surtout, si cruellement frappés pourtant, lui paraît avec raison admirable : « Le plus ennuyeux, peut-être (car cela enlève à notre ville un peu de sa poésie), c'est, dit-il avec enjouement, le flot de ténèbres où nous plonge, chaque soir, l'autorité militaire, en interdisant toute lumière à partir de neuf heures. Que peuvent être ces petits ennuis, à côté des grands intérêts de la patrie? *Nous prenons patience; nous supportons tout cela comme il sied.* Et tenez, quelques-uns qui étaient partis reviennent.

Ce ferme propos de confiance, je l'ai retrouvé dans les paroles du nouveau patriarche de Venise, que j'avais l'honneur de rencontrer quelques instants après, comme il sortait de son palais. Ce haut dignitaire de l'Eglise est arrivé depuis six jours à peine dans sa ville épiscopale et le spectacle de la basilique de Saint-Marc, à moitié ensevelie sous le sable et la maçonnerie, le chagrine certainement. Mais il a tenu à marquer devant moi ses sentiments tout de même.

— Nous espérons que tout ira bien et finira bien, m'a-t-il dit dans la douceur d'un fin sourire.

A travers la ville, silencieuse à l'ordinaire, c'est le même calme apparent. On attend en espérant que les bienfaits de la paix dédommageront des pertes infligées par la guerre. Chez beaucoup, il y a de la colère contre ce Guillaume II, qui criait son amour pour Venise et qui soudain en apparaît l'ennemi. On me conduisit au long des arcades du Palais du Sénat, sous les anciennes Procuraties. Là je pus voir affichés sur un mur des placards manuscrits ou copiés à la machine. On les renouvelle chaque jour presque. Ce sont des couplets satiriques, des facéties, des épigrammes, des avis au public. Les empires du Centre y sont tour à tour violemment attaqués ou tournés en dérision. J'y ai lu notamment une chanson de la plus sanglante ironie contre Guillaume II et un « Avertissement aux espions » extrêmement significatif. Je m'apprêtais à en prendre copie pour les mettre sous vos yeux quand on me fit observer que ce serait m'exposer à quelque fâcheuse histoire. Après avoir été pris la semaine dernière pour un Allemand à Vérone, il m'eut semblé excessif de passer pour un espion à Venise. Je me gardai donc bien d'insister. D'autant que j'avais en mémoire une anecdote toute fraîche. L'autre jour, la Questure de Venise demandait d'urgence au consul, nouvellement installé, d'une nation alliée, des renseignements précis sur une étrangère qui avait paru suspecte. En lisant cette demande de renseignements, le consul ne put réprimer un sourire. L'étrangère, c'était sa propre femme. La Questure s'excusa le plus galamment du monde et la femme du consul s'amusa beaucoup de l'aventure. Mais je jugeai inutile de fournir à la Questure le plus mince sujet d'alarme. Et j'attendrai une meilleur occasion de vous montrer avec quelle verve l'esprit vénitien s'exerce sur le kaiser.

A celui-là, les habitants de Venise pardonneront difficilement d'avoir conçu des dessins criminels contre leur cité et de ne pas s'opposer à ceux que nourrit François-Joseph. On m'a raconté que, lors de son dernier voyage officiel, dans cette ville, au mois d'avril 1914, Guillaume II, bruyamment acclamé par la colonie allemande massée sur la Piazzetta, devant le palais des Doges, pendant qu'il se promenait sous la galerie gothique du premier étage, Guillaume II, dis-je, voulut remercier et saluer ses sujets. Le hasard voulut qu'il se présentât à la foule précisement entre les deux colonnes roses, dans l'écartement desquelles, aux temps de la République, apparaissait le bourreau chargé de l'exécution des criminels. De nombreux Vénitiens furent frappés de cette coïncidence. Ils virent là un signe du destin et comme un sanglant présage. Des érudits se souvinrent, en outre, qu'en 1356 un doge, Marino Faliero, qui apparut, lui aussi, un jour de fête, au peuple, entre les colonnes roses, avait fini en criminel sur l'échafaud. Et, amalgamant ces souvenirs à leurs sentiments d'aujourd'hui, beaucoup croient ici qu'après s'être révélé le bourreau de l'Europe, Guillaume II disparaîtra prochainement dans l'horreur de quelque tragique expiation, Ainsi soit-il!

———

IV

LES SAUTERELLES DE LUGANO

Lugano, le 15 juillet 1915.

Depuis un mois et demi, un vol de sauterelles s'est abattu sur la pointe pittoresque que l'Helvétie enfonce dans l'Italie, de Bellinzona à Chiasso. Ces sauterelles dévastatrices. on le devine, c'est la nuée d'Allemands qui, chassés d'Italie, ou la fuyant, sont venus s'installer à deux pas de la frontière, prêts à tous les mauvais coups, décidés aux plus criminelles entreprises.

Les premiers jours, ils disaient avec outrecuidance : « Nous ne sommes ici qu'en passant; nous rentrerons en Italie dans les fourgons de notre armée victorieuse. » En voyant que les troupes du kaiser ne s'empressaient pas d'accourir, ils ont un peu baissé le ton et repris leur ancienne tactique : opérer dans l' ombre. Deux chefs les encouragent de leur présence et soutiennent leur efforts, M. de Muhlberg, représentant de la Prusse au Vatican, et son collègue, le ministre de Bavière.

---

[1] Bien que Lugano soit, à proprement parler, en Suisse, cette délicieuse petite ville est trop italienne, de langue et de moeurs. pour que j'aie pu renoncer à la faire figurer dans une enquête sur l'Italie et la guerre.

— 129 —

Quand l'Italie déclara la guerre à l'Autriche, ce fut à Lugano, on le sait, que vinrent s'établir, en attendant mieux, les représentants des empires du Centre auprès du Saint-Siège. L'Autrichien ne s'y attarda guère, se sentant sans doute la conscience moins tranquille ou moins endurcie que les autres. Le Bavarois voulait l'imiter. Le Prussien le retint en lui représentant que Lugano pouvait être pour leurs complots une excellente base d'opérations.

En effet, M. de Muhlberg avait trouvé dans ce ravissant pays un tout-puissant auxiliaire qui, sans s'en douter d'abord, allait lui permettre de combiner heureusement les agréments d'une villégiature estivale avec le travail d'insinuation ou d'intimidation commencé à Rome auprès du Vatican.

Lugano possède un évêque, Mgr. Peri Morosini, qui se vante de descendre des doges de Venise. Si cela est vrai, il est bien descendu. Trop bel homme, d'une élégance raffinée, bien pris dans une soutane qui ne sent en rien le séminaire, ce prélat ressemble aux abbés de cour qu'on dessinait autrefois sur les éventails ou qu'on retrouve sur les estampes légères du dix-huitième siècle. Il a vécu quelque temps à Paris; il n'y fit pas l'édification de nos prêtres par sa façon de faire admirer une jolie jambe en retroussant, dans la rue, sa soutane. Le Christ, évidemment, n'eût jamais pensé à cela.

A première vue, l'ambassadeur de Prusse comprit quel utile instrument il pouvait trouver dans ce prélat, vaniteux et mondain. Il se prit à lui rendre visite chaque jour, ce qui combla d'aise Mgr. Morosini et il lui déclara sérieusement qu'il ne tenait qu'à Sa Grandeur que Lugano devint une succursale directe du Vatican. L'évêque pensa en mourir de plaisir. Au grand chagrin des diocésains, on vit des relations quotidiennes s'établir entre les ambassadeurs teutons et le naïf prélat. La demeure épiscopale devint le principal bureau de l'Allemagne en Suisse. Les choses allèrent au point que Mgr. Grassi, le secrétaire de l'évêque, se vit chargé de missions diverses en Italie. Et l'on discutait hier, devant moi, la question de savoir si le messager de Mgr. Morosini et des Boches ne devrait pas être arrêté quelque jour par la police italienne quand il voudra passer la frontière. Il n'y a qu'une voix, au reste, dans Lugano, chez les personnes intelligentes :

— Vous verrez que ces Tudesques fourreront notre évêque dans quelque sotte histoire.

A la suite des deux ambassadeurs sont venus s'abattre en trombe sur Lugano :

1° Les expulsés de Milan et des grandes villes italiennes;

2° Les organisateurs de la contrebande;

3° Les pêcheurs en eau trouble;

4° Les espions.

Une nuée de louches émissaires parcourt et déshonore cet adorable pays. On en voit de toute mine et de tout poil, des roux, des bruns, des blonds, des grands, des petits, des cinq parties du monde, de tous les sexes aussi. Sans les brises vivifiantes du lac, Lugano sentirait à plein nez l'espion allemand. Je vous assure que c'est là une odeur qui ne rappelle en rien l'iris ou la poudre à la maréchale.

Les conséquences d'un tel exode (plus dangereux pour un pays qu'un vol serré de sauterelles sur une terre verdoyante) n'ont pas tardé à se faire sentir. Non seulement elle a créé de sérieuses difficultés diplomatiques à la Suisse, mais elle a décidé le gouvernement italien à interdire chez sa voisine l'exportation de la plupart des denrées. Une telle hausse s'est produite que par exemple un Kilog. de beurre vendu Frs. 1,80 dans les petits villages italiens du bord de la frontière, atteint 5 frs. à Lugano et le Kilog. de pommes de terre a quadruplé de valeur. Il n'est pas un canton italien de la Suisse qui ne pâtisse à cette heure de l'invasion des sauterelles allemandes. L'espionnage tudesque complique, entrave et ralentit les affaires.

La brutalité et l'arrogance des nouveaux hôtes de Lugano achèvent de les rendre odieux. A la poste, au télégraphe, dans les tramways, dans les restaurants, sur les bateaux, il n'y en a que pour eux. Aussi s'attirent-ils à chaque instant de sévères et justes leçons. Quelques-unes frappantes, si j'ose dire.

On m'a raconté quelques-uns de leurs procédés. Des Boches entrent dans un magasin : « On parle alle- « mand ici ? — On parle les trois langues de la Suisse, « monsieur. — Il ne faut plus parler que l'allemand. « Sans quoi, mes compatriotes vous mettront à l'index. « — Mais, monsieur... — C'est à prendre ou à laisser : « l'allemand ou la faillite ! »

D'autres se préoccupent de l'origine des marchandises : « Nous exigeons que vous vous fournissiez en « Allemagne ; sinon, nous vous réduirons à fermer votre « magasin. »

Les sujets du kaiser se sont flattés de créer ainsi à Lugano une sorte de terreur dans le monde des affaires. Ils ont organisé, en sous-main, une ligue tudesque chargée de mettre au pas les commerçants de ce pays. Quelques-uns ont eu même la sottise d'annoncer qu'ils se considéraient déjà dans la région comme chez eux.

On devine l'effet produit par d'aussi pitoyables façons. A part quelques aveugles, à part certaines gens qui confondent leurs intérets particuliers avec ceux de la kultur, on peut dire que Lugano déteste les Allemands et ressent chaque jour plus d'aversion pour eux. Quand il le faut, les habitants ne se privent pas de témoigner leurs sentiment. Deux portiers d'hôtels (nombre d'hôtels sont tenus ici par des Teutons et je recommande à mes compatriotes de s'en méfier), deux portiers d'hôtels, dis-je, ont été rossés d'importance, l'autre jour, pour s'être permis, en véritables brutes, de siffler des mobilisés italiens repartant pour leur pays. On leur a enfoncé dans la tête, à coups de poing, les notions élémentaires de la courtoisie et du respect d'autrui.

Deux journalistes, l'un de Berlin, l'autre de Francfort, se sont vu bousculer et largement souffleter pour avoir osé se répandre en propos injurieux contre le roi Victor-Emmanuel III et son peuple. Ils se tiennent cois aujourd'hui, ayant enfin compris qu'il est parfois bon de se taire. Au reste, se sentant haïs et surveillés, nos ennemis paraissent vouloir adoucir leurs allures. Deux vaillants quotidiens du pays, la *Gazzetta Ticinese* et *Il Corriere del Ticino*, n'hésitent pas, chaque fois que l'occasion s'en présente, à mener contre eux le bon combat, pour l'honneur de la Suisse. Lugano leur devra un jour de voir revenir villégiaturer sur les bords de son lac les meilleurs clients du monde, je veux dire les Français, le Russes, les Italiens et les Anglais.

Pour reconquérir des sympathies qu'ils sentent leur échapper, les Allemands s'apprêtent à tenter un nouveau coup. Ils préparent l'apparition, à Lugano ou à Bellinzona, d'un journal chargé « *d'éclairer l'opinion* ». On devine l'effroyable somme de mensonges et de turpitudes que représentent pour eux ces trois mots. Erzberger, le fameux envoyé du kaiser, avait eu le premier l'idée d'une feuille qui fût le naturel déversoir d'une agence d'informations tendancieuses. Mais, par ses compatriotes eux-mêmes, Erzberger est tenu pour un si redoutable gaffeur que tout le monde se détourne de lui avec crainte. Il n'a donc pas trouvé les fonds nécessaires. Il s'en console en écrivant, je pense, une Histoire des conceptions politiques de Guillaume II.

Son projet vient d'être repris par un journaliste qui fut pendant quelque temps à la tête d'un journal conservateur de Lugano. Ses tendances parurent si nettemente autrichiennes qu'on le pria, naguère, d'aller porter ailleurs ses avis politiques. La fondation d'une feuille allemande constituerait donc pour lui une revanche. Y réussira-t-il? Il faudrait le souhaiter, parce que — pour me servir des termes d'un aimable confrère de Lugano — le nouveau journal « ne pourra que contribuer à développer dans la région la haine contre l'Allemand ».

En attendant, nos ennemis inondent le pays de leurs brochures de propagande. Mais là ils se heurtent encore à la finesse et au bon sens de la population luganaise. Un petit commerçant de l'endroit (qu'on me permette de ne point le désigner trop clairement à la vindicte tudesque) se vit apporter un jour par un Berlinois des *Pages de guerre*. Ce sont de petits opuscules laborieusement élaborés par un monstrueux pédant d'outre-Rhin, un sieur H. S. Chamberlain, qu'on a essayé de nous faire prendre jadis pour un grand penseur quand il publia : *Les Assises du dix-neuvième siècle.*

Le Prussien montra triomphalement une page où le cuistre teuton tonnait contre « les mensonges français », en déclarant qu'au surplus on mentait partout dans le monde, sauf en Allemagne, et « qu'il importerait, pour la paix de l'Europe, que tous les menteurs fussent pendus ».

— Diable! fit le petit commerçant, mais il n'y aura jamais assez d'arbres en Europe pour y accrocher tous les Allemands!

V

LES VICTIMES DE FRANÇOIS-JOSEPH

Chiasso, 17 juillet 1915.

De tout ce que peuvent ajouter aux maux de la guerre la colère et la férocité autrichiennes, j'ai pu avoir une idée hier, à Chiasso, devant un saisissant spectacle. Et c'eût été à pleurer de pitié et de désolation, si l'affreuse misère étalée sous mes yeux n'avait eu autour d'elle, pour la soulager, d'admirables dévouements.

Un train de sept cents femmes, chassées de Trieste par les Autrichiens, arrivait du sommet de la Suisse où les malheureuses avaient poussé un cri de délivrance en apercevant la frontière. On les dirigeait sur Milan et le train stoppait en gare trois quarts d'heure pour qu'elles pussent se reposer un instant, manger et se rafraîchir.

Tout près de la voie ferrée, dans des locaux spécialement aménagés, je les vis arriver. Tout d'abord elles marchaient en silence, la tête baissée, avec des allures craintives, comme si elles eussent encore senti autour d'elles les crosses de fusil des soldats impériaux. C'était un douloureux troupeau que semblait conduire le désespoir. Ouvrières enceintes, qui se traînaient lamentablement; vieilles aux cheveaux blancs, courbées en deux par la souffrance plus encore que par l'âge; jeunes filles sans sourires, fanées et silencieuses, qui aidaient la mère à porter les plus petits; ménagères chargées de paquets de linge où tenaient de pauvres hardes, tout leur avoir. La plupart en cheveux; quelques-unes en savates, dans d'humbles robes, avec un air d'inexprimable chagrin. Quelques enfants traînés par leurs mères riaient, insouciants, sans comprendre. Et, dans le morne silence, ce rire était lugubre. Des vieillards arrivés aux limites des forces humaines (ce qui expliquait qu'on les eût laissés partir) étaient conduits par la main comme des petits. Ils marchaient affaissés, les yeux éteints, se demandant peut-être pourquoi tant de malheur les accablait. Trois femmes malades ne pouvaient plus se tenir debout et des employés de la gare les conduisaient en les tenant sous les bras. Une malheureuse infirme était portée par un brave homme compatissant. Et tout d'un coup, d'un remous de ces flots de misère, je vis surgir une figure livide et muette, si étrange et si tragique qu'on frissonnait en la regardant.

— Celle-là, me dit-on, n'a pas prononcé un mot pendant tout le voyage; elle refuse de boire et de manger. On essaiera de l'interroger tout à l'heure.

Cependant, on s'empressait autour des arrivantes. Les dames et les jeunes filles de la colonie italienne de Chiasso, depuis le début de la guerre, constituées en comité, sous la direction d'un jeune prêtre, M. Rossi, se prodiguent pour secourir les émigrants qui, chaque semaine, traversent cette gare, se rendant dans la péninsule. Ce jour-là, comme d'habitude, elles étaient à leur poste, toutes jolies, fines, distinguées. Dans leur grand costume de toile blanche, affairées et souriantes, ne reculant devant aucune rebutante besogne, elles donnaient avec des soins le meilleur de leur âme. Et leur seule présence était pour les malheureuses un premier réconfort.

Avec l'aide d'envoyés spéciaux du gouvernement italien, elles divisaient les femmes en plusieurs catégories. Elles conduisaient les unes dans un réfectoire, où un bol de bouillon chaud les attendait. A d'autres, elles distribuaient du pain, des vivres, des friandises. Des citronnades aussi, à cause de l'accablante température. Pour certaines, de grandes tasses de ce lait velouté et crémeux, que nous ignorons, hélas! à Paris. Le pitoyable troupeau se rafraîchissait, mangeait, buvait, reprenait des forces, revenait à la vie et à l'espérance.

Les enfants étaient l'objet des soins les plus tendres. Sur le marchepied du train, les femmes, les jeunes filles de la colonie italienne les soulevaient dans leur bras et les emportaient dans une salle spéciale. Là, elles baignaient, lavaient et poudraient ces pauvres petits corps, jetaient les hardes qui les couvraient et les habillaient complètement à neuf. A ce point qu'il se produisit une touchante méprise : l'enfant qu'on lui rendait était si frais, si beau, dans son nouveau costume qu'une femme hésita une seconde, doutant si c'était bien son bébé; puis, le reconnaissant, elle se prit à sangloter en l'embrassant et en criant :

— Merci! Merci!....

Parmi l'essaim d'enfants qui bourdonnaient dans cette salle, un poupon était l'objet d'attentions particulières. Toutes les infirmières se pressaient autour de lui pour le voir et voulaient l'embrasser : *il avait dix-sept jours*. La mère était accouchée depuis une semaine lorsque les Autrichiens la jetèrent à bas de son lit et à la porte de sa maison. On la battit. Elle se laissait frapper, ne songeant qu'à protéger son enfant. Pendant les dix jours de l'affreux voyage et les soixante heures d'emprisonnement des 700 femmes, dans un camp de concentration, elle avait pu sauvegarder la frêle existence du nouveau-né.

— Ah! pourvu qu'il arrive en Italie! soupirait-elle.

Il y était maintenant ou presque. Bercé sur les bras d'une jeune fille, il dormait paisiblement, gorgé de bon lait. Sa petite face rouge reflétait, pour la première fois peut-être, un bien-être total. Et à le voir dans des langes neufs avec une belle collerette brodée, la mère rayonnait d'orgueil.

Maintenant, dans cette foule rassasiée, rafraîchie,

réconfortée de douces paroles, les figures crispées se détendaient; des visages commençaient à s'épanouir. Des conversations commençaient et même un rire s'entendit dans un coin. Tant il est vrai qu'il suffit d'un peu de bien-être et d'un peu de bonté pour apporter du répit aux pires souffrances.

Mais aussitôt qu'on interrogeait les femmes de Trieste sur leur départ, de brusques sanglots éclataient à droite et à gauche. Les visages les plus sereins redevenaient sombres.

— Ce que nous avons enduré, monsieur, est au-dessus de la parole. On ne traiterait pas des animaux sauvages comme on a fait de nous. Insultées, bousculées, frappées, affamées, arrachées des bras de nos maris ou de nos fils, tel était notre lot quotidien. A Trieste, on nous retira, deux jours avant notre départ, notre carte de boulangerie, la *brotkarten* sans laquelle on nous refusait du pain. Pendant ces deux jours, les fonctionnaires autrichiens nous repoussaient à coups de bâton des boulangeries quand nous allions supplier pour nos enfants. Pour avoir voulu s'interposer le dernier matin, mon mari fut à moitié assommé par les sbires et il a disparu. Où est-il?...

A Trieste, une ouvrière expulsée avait sa mère alitée, mourante, incapable de bouger. Elle demande à rester pour la soigner, soit chez elle, soit à l'hôpital, soit même en prison. Des policiers arrivent, jettent dans la rue la pauvre vieille et obligent les deux femmes, sous les menaces, à prendre le train. La malade n'avait plus que le souffle. Elle mourut après trois heures de voyage.

— J'espère bien que vous crèverez toutes ainsi, chiennes, avant d'arriver en Italie! criaient les gendarmes impériaux devant le corps à peine refroidi.

Tous les hommes de dix-huit à soixante ans avaient été arrêtés à Trieste et envoyés dans des cantonnements où, sous la matraque, on les oblige à creuser des tranchées, à travailler pour l'ennemi exécré et où l'on se propose de les placer devant les avant-postes autrichiens, comme autant de boucliers vivants.

LES VICTIMES DE FRANÇOIS-JOSEPH

Au camp de concentration de Leibnitz, les émigrantes furent enfermées pendant trois jours avant d'être dirigées sur Buchs, à la frontière suisse. Là, les soldats de François-Joseph pariaient à qui ferait le plus vite sangloter un nombre donné des femmes. Quand les malheureuses croyaient trouver dans le sommeil quelques instants d'oubli, certains de ces misérables, aggravant de sadisme leur cruauté, venaient les réveiller en les piquant de la pointe de leurs baïonnettes. Des enfants eux-mêmes ont été blessés et torturés par ces bandits. D'autres ont été volés à leurs mères sans autre motif que celui de faire hurler les malheureuses.

De ces récits poignants, chaque émigrante en peut faire. Dès la déclaration de la guerre, la fureur des Autrichiens ne connut plus de bornes. Pour se venger, elle imaginait les plus abominables cruautés. En parcourant les salles j'ai revu l'effrayant visage figé dans le désespoir. Avec une face de morte, les yeux fixes et agrandis, la femme marchait sans rien voir, sans rien entendre du murmure de pitié et de terreur que soulevait son passage. Personne n'osait l'interroger, celle-là; mais une de ses voisines nous raconta l'affreuse aventure. Un soir, des sbires impériaux ont pénétré dans sa maison et lui ont enlevé sa fille, une jolie enfant de seize ans, fraîche et rieuse. L'enfant a été violée, puis jetée dans quelque casemate. Elle est probablement morte de honte et d'épouvante. La mère sera peut-être folle demain.

...Mais (excepté ce désespoir que rien ne saurait consoler) la halte de Chiasso a fait descendre chez toutes les émigrantes de l'apaisement et réveillé comme une joie de vivre. Elles oublient pendant un court instant, leurs maris, leurs frères, leurs fils prisonniers là-bas, et la perte de leur bien et le foyer détruit, pour se laisser aller à des sensations nouvelles et aussi à la douceur de la patrie retrouvée. Dans cette Italie qui, dès leur arrivée sur son seuil, les entoure de pitié et de tendresse, elles vont entrer comme dans un Eden, où bientôt les familles dispersées se retrouveront, où finiront toutes les souffrances. Toutes réclament des rubans aux couleurs nationales pour en parer leurs corsages. Dans tous les yeux il y a des éclairs de joie quand on apprend aux émigrants que là, à dix mètres au delà du pont, commence le « royaume », objet de tant de rêves et de tant de vœux!

— La Terre promise! s'écrie une jeune fille, dans un élan d'enthousiasme. La terre où l'on est tous des frères! Vive notre mère l'Italie. (*Evviva nostra madre l'Italia!*)

Quand le train part, quelques minutes après, toutes les femmes sont aux portières, criant de toutes leurs forces : *Evviva nostra madre l'Italia!* Dans leurs bras, les petits qui ont assez de souffle crient aussi. Et c'est une immense acclamation d'amour et d'espérance qui, de la frontière, salue la patrie retrouvée...

VI

LE SILENCE DU VATICAN

—

Rome, décembre 1915.

Depuis les retentissantes interviews qui ont suscité
en France une si légitime émotion, il semble que le Vatican ait pris pour règle la pratique d'un silence abso-
lu. Pour un long temps du moins, le pape a fait le ferme propos de fuir la conversation des journalistes. A
son exemple les dignitaires de l'église ont bouche cou-
sue. Il n'est pas jusqu'au cardinal secrétaire d'Etat, Son
Eminence Pietro Gasparri, d'un accueil si simple et si
cordial naguère, qui ne se renferme aujourd'hui, dans
une réserve et une froideur impressionnantes.

De ce silence et des véritables sentiments qu'il voile on m'a fourni hier une attachante interprétation
qu'en impartial informateur je dois rapporter telle quelle. Aux lecteurs de juger.

J'avais rencontré, chez des amis, un prêtre d'allure et d'esprit extrêmement distingués. Sa sympathie
pour notre pays, l'ardeur et la clairvoyance de son patriotisme italien le rendent particulièrement agréable à
des Français. Et, parlant des répercussions de la guerre européenne sur l'Eglise, je lui demandai, quelle é-
tait par exemple la situation des religieux de nationalité différente dans les grands Ordres internationaux,

Les Dominicains, les Jésuites, les Franciscains, les Chartreux, comptent des Pères Français, Allemands, Autrichiens, Italiens, Anglais. Depuis la guerre comment peuvent vivre en communauté ces frères ennemis?

L'ecclésiastique m'expliqua que, dès le début des hostilités, les religieux originaires des pays belligérants ont été par tous les Ordres renvoyés dans leurs pays respectifs avec cette simple recommandation : « Faites tout votre devoir ». Ni le Saint Siège, ni les Chefs de Congrégations n'ont tracé d'autre ligne de conduite. Chacun garde son opinion et ses préférences. C'est ainsi qu'en ce moment des Pères et des Frères d'un même habit se battent les uns contre les autres. En Belgique notamment des capucins bavarois faisaient le coup de feu contre des capucins Français. Chacun agit selon sa conscience. Après la guerre on verra.

Dans la conversation, le nom du Pape avait été prononcé. A ce propos mon interlocuteur me dit :

— Le Pape est, par rapport aux fidèles de l'Eglise catholique, comme un chef d'Ordre devant ses religieux. De même que celui-ci, il n'a pas à manifester d'opinion personnelle (ce qui ne veut pas dire qu'il n'en ait pas). En ce qui concerne la guerre, il doit laisser à tous une entière liberté. A tous aussi il doit se borner à donner pour mot d'ordre : « Faites votre devoir; après la guerre on verra ».

De telles paroles piquaient ma curiosité. Je savais que le prêtre qui me parlait se trouve en situation de connaître la pensée véritable de Benoît XV. Je le pressai de m'en faire connaître ce qu'il savait. Après quelque résistance, il finit par me dire :

— Voilà ce que je pense être la vérité. Avant la déclaration de guerre de l'Italie à l'Autriche, je crois que le Saint Père avait une faiblesse de cœur pour l'Autriche si catholique et pour son vieil Empereur, si soumis d'apparence, si étroitement orthodoxe. Du jour où le canon a retenti sur les pentes du Monte Nero, le Pape s'est souvenu qu'il est Italien et l'Autriche de plus en plus devient pour lui l'ennemie de son pays.

« Avez-vous remarqué au reste avec quelle chaleureuse unanimité, et à la suite de cardinaux comme Bacillieri, Boschi, Ferrari, Francicanava, Maffi, Richelmy, les soixante archevêques ou évêques italiens ont prêché le devoir patriotique et avec quelle belle ardeur ils luttent en ce moment contre les calomnies autrichiennes répandues dans les terres irredentes? La guerre est approuvée, bénie, exaltée par tout ce qu'il y a de grand dans le parti catholique, de Turin à Palerme. Croyez-vous qu'un tel élan pourrait se produire et avoir cette ampleur s'il allait directement contre les intentions de Benoît XV? Quant à Guillaume II, ceux qui fréquentent le Vatican n'ignorent pas qu'il n'y a jamais été *persona gratissima*. Ses allures impérieuses, son intrépidité de confiance en lui-même ont toujours choqué. Dès sa première visite à Léon XIII, quand il vint à Rome accompagné du vieux Bismarck, dogue hargneux grondant autour des jambes de son maître, il laissa à tous l'impression qu'une amitié avec un tel homme ne pouvait être qu'une sorte d'esclavage. Et il se trouva un familier du Vatican pour faire remarquer que l'ombre de Guillaume II évoquait de façon inquiétante certaines silhouettes de Luther. Croyez-moi, Benoît XV n'a aucune illusion sur le kaiser. Il sait que le bon Pie X fit auprès de celui-ci tout d'abord, avant même d'écrire à François-Joseph, une suprême tentative pour empêcher l'épouvantable conflit européen, et que l'Empereur ne répondit aux supplications du vieillard que par un geste de dédain. »

Par la netteté de ces déclarations et la franchise de son accent, mon interlocuteur m'avait mis en confiance. Je m'enhardis jusqu'à lui dire qu'en France nombre d'excellents esprits regrettaient que Benoît XV, inaugurant son règne par un geste d'une grandeur chevaleresque, ne se fût pas dressé entre les belligérants pour arrêter l'effusion du sang, pour avertir solennellement l'Allemagne : « Tu as eu tort. Dépose les armes ». Et, en cas de refus, frapper d'excommunication le monstrueux mégalomane qui déchaînait la guerre et ses horreurs. En entendant mes paroles le prêtre leva doucement les yeux au ciel et témoigna par la mélancolie de son sourire combien cette solution lui paraissait chimérique et vaine.

L'ecclésiastique ajouta un instant après :

— La vérité est que le Pape souffre horriblement de la guerre et qu'il fera tout ce qui dépendra de lui pour en hâter la fin. En attendant, il poursuit avec patience et minutie une enquête sur l'origine du conflit actuel et des responsabilités qu'il entraîne. Ne pensez pas qu'il croie encore, s'il l'a jamais cru, que les Allemands ont été attaqués. Fortement impressionné par les mensonges tudesques au début de son pontificat, Benoît XV discerne mieux maintenant la vérité. Il la verra de plus en plus et peut-être tel de ses actes surprendra prochainement. Il ne peut pas oublier la parole douloureuse prononcée par le cardinal Mercier au lendemain du sac de Louvain et des premières atrocités allemandes en Belgique : « Ce serait à douter de la Providence si de telles abominations restaient impunies! » Le petit clan chaque jour diminué des cardinaux germanophiles se verra peu à peu éloigné des conseils du Saint Siège. Et je crois, que, mieux informé, Benoît XV ira chaque jour un peu plus vers les Alliés, je veus dire vers la justice.

« Il garde au fond du cœur un véritable respect de la France et de son rôle dans l'Humanité. On raconte qu'un jour, impatienté de ce qu'un diplomate répétait à chaque instant devant lui la phrase célèbre : « La France est la fille aînée de l'Eglise », Pie IX, grand amateur d'à peu-près répondit, dans un sarcasme : « Oui, mais vous savez bien que depuis Louis XIV il n'y a plus de pire aînée ». Benoît XV ne se serait jamais permis ce jeu de mots. Comme on exprimait devant lui naguère cette idée qu'il passait à Paris pour un ennemi de la France, il repliqua avec vivacité : « Si j'étais hostile à la France, je n'appartiendrais pas à mon école ». Il voulait dire à l'école de Rampolla et de Léon XIII.

— Cés déclarations auraient une singulière valeur, dis-je à mon interlocuteur, si vous me permettiez de les signer, je veux dire de les illustrer de votre nom.

L' ecclésiastique jeta les bras au ciel et, moitié riant, moitié effrayé, il s'écria :

— Vous n'y pensez pas! Vous voulez donc que je dise adieu à tout jamais au chapeau de cardinal!

Ce serait grand dommage à la vérité car rarement chapeau rouge aura coiffé une tête plus noble, plus embellie d'intelligence et de bonté. Je tairai le nom du prêtre. Mais il est un si ardent ami de la France et de la guerre, que je serais fort surpris si quelque événement ne se produisait qui mît en pleine lumière cette forte et généreuse personnalité.

VII

LES PROPOS D'UN AMI DE LA PAIX

Rome, juillet 1915.

On a pu dire avec quelque raison que la guerre actuelle était pis que la faillite, la banqueroute du pacifisme. Il semble que, désespérés, certains pacifistes se couvrent la tête de leur manteau, en maudissant les Dieux d'avoir si cruellement déçu leurs espérances. Et pourtant au moment même où tant de généreuses illusions paraissent anéanties dans les convulsions de la tempête européenne, une éclatante consécration de leurs efforts vient d'être accordée aux ennemis de la guerre par l'Amérique du Sud. Trois puissances, la République Argentine, le Brésil et le Chili (l'A. B, C, comme on désigne leur groupe) ont signé, en entourant cet acte de la plus grande solennité, un traité d'arbitrage qui, soutiennent les gens conpétents, est le plus terrible coup qu'on ait jamais porté à la guerre. Battus d'un côté, les pacifistes triomphent de l'autre. Comme le héros de Rabelais, ils pleurent de l'œil droit et rient de l'œil gauche. Quelle occasion de scruter le fond de leur pensée!

Profitant de mon passage à Rome, j'ai donc prié le prince de Cassano de m'accorder quelques instants d'entretien. Le prince n'est pas seulement un des plus illustres représentants de la haute aristocratie italienne. A l'éclat de son nom il a ajouté la gloire d'être un philosophe et un grand homme de bien. Depuis des années on le rencontre à la tête de tous les mouvements qui ont pour objet le soulagement ou l'avancement de l'humanité. Il est un des représentants les plus éloquents des idées de fédération appliquées à l'Europe. Dans les congrès, sa théorie d'un « Jury d'honneur international » (exposée naguère aux États Unis avec un succès retentissant) rallie inévitablement l'unanimité des suffrages. Et le prince serait, si on voulait l'entendre, un des plus sages conseillers de l'Europe.

Non qu'il donne dans les turlutaines humanitaires.

— Je ne suis pas un pacifiste, m'a-t-il déclaré aux premières paroles. Cet adjectif rime avec de trop vilains mots : Je suis un pacifique tout simplement. Vous m'avouerez que ce n'est pas le spectacle de la guerre actuelle qui pourrait changer mon état d'esprit.

L'origine de l'effroyable conflit où se débat l'Europe, le prince de Cassano la trouve dans les armements à outrance.

— On ne peut pas, dit-il, passer des années à s'armer jusqu'aux dents et rester ensuite sans bouger à garder sa porte. Le proverbe est faux qui dit : « Si tu veux la paix, prépare la guerre ». Il fait parler autrement : « Si tu veux la paix, adonne-toi aux œuvres de paix ». Cette folie d'armements amène, dans chaque pays, les gouvernements désireux d'obtenir des Chambres le vote de crédits militaires, à présenter sous le plus mauvais jour l'attitude du voisin. Il faut entretenir des défiances des haines réciproques. Les chanceliers allemands, par exemple, agitaient sans cesse devant le Reichstag les fantômes de la revanche française, des ambitions russes, de la perfidie anglaise. L'opinion publique était par eux tendue sans cesse vers le danger qu'il y avait à vivre à côté de voisins si peu sûrs. Qu'arrivait-il ? C'est qu'à son tour l'opinion surexcitée par ces déclarations réagissait sur lui et exagérait ses craintes. Dans ce cas, il est inévitable que les uns poussant les autres, on arrive à cette exécrable extrémité, la guerre.

Deux hommes, d'après le prince de Cassano, doivent porter le poids des responsabilités actuelles : l'Arciduc Ferdinand (hanté jusqu'à sa mort par sa haine de la Serbie compliquée de l'énigme des Balkans) et Guillaume II. Et pourtant Guillaume II a été pacifiste, au moins jusqu'en 1908.

— Oui vraiment, il l'a été, et de très bonne foi, affirme le prince. Je sais qu'à cette époque il cherchait une formule de désarmement général à proposer à l'Europe.

Si Guillaume II a renoncé à ses idées salutaires, c'est qu'il n'a pas su résister à la pression du parti commercial et industriel, bien plus enclin à la guerre que la marine et l'armée. A l'appui de son affirmation, le prince de Cassano apporte un fait et une anecdote. Les deux ont leur intérêt.

En 1908, se trouvant à Kiel, pendant la semaine des régates, il eut l'occasion de recueillir de la bouche de hautes personnalités militaires (et surtout dans la flotte) des déclarations particulièrement favorables à la paix. Comme un jour il exposait ses idées sur la nécessité d'une Fédération des États européens :

— Quand allez-vous donc la constituer? demanda un amiral; vous savez que nous n'en pouvons plus.

C'est alors que le parti commercial et industriel entre en scène.

Un rapport secret retrouvé et publié par l'Angleterre, ne laisse subsister aucun doute à cet égard. Ce rapport était adressé à un Comité chargé d'étudier les plus sûrs moyens d'agrandir le domaine colonial de l'Allemagne et de préparer sa domination sur le monde. On y démontrait la nécessité pour les sujets du kaiser de se préparer nuit et jour à envahir l'Europe occidentale en guettant la bonne occasion. L'attentat de Serajevo parut l'occasion à ces mégalomanes. On sait comment l'Allemagne poussa l'Autriche et ce qui s'ensuivit.

A la fin des hostilités, que se produira-t-il? et comment pourrait-on fonder la paix de façon à empêcher le retour d'aussi terribles calamités? Sur ce point le prince de Cassano est très net. Si de cette crise ne naît point un nouvel état d'esprit; si les nations ne renoncent pas au stupide fétichisme de la raison d'état; si les alliés ne profitent point de leur victoire pour modifier les bases du droit international en le plaçant désormais au des-sus de toute espèce de principes de souveraineté natio-nale, c'est en vain que le sang aura rougi la terre. De nouvelles guerres resteront encore possibles. Un *mo-dus vivendi* a été établi entre les hommes d'un même pays; il fixe les droits et les devoirs de chacun; et des tribunaux le font respecter. Pourquoi n'est-il pas de mê-me pour les Etats? Tant qu'on n'aura pas défini et im-posé entre les Etats un *modus vivendi* de ce genre, comment la paix pourrait-elle être possible?

Qu'on ne parle pas ici du tribunal de La Haye. Le prince de Cassàno sourit en songeant à cette institution. Sa parfaite courtoisie seule arrête sur ses lèvres des sar-casmes que je devine. Au reste à quoi aurait pu jamais servir cette ombre de cour suprême puisqu'on écartait systématiquement de ses délibérations et de ses arrêts les trois principaux éléments de discorde entre les peu-ples :

1. les intérets vitaux;
2. les questions d'honneur national;
3. les discussions relatives à l'intégrité du terri-toire.

— Dès 1900, me rappelle mon interlocuteur, au congrès de la Société anglaise de Droit international à Rouen, j'ai exposé publiquement mes doutes sur l'ef-ficacité du tribunal de la Haye. En 1908, dans une pré-face au compte rendu du Congrès de la Fédération eu-ropéenne, j'ai écrit que cette médiocre institution me donnait tout au plus l'impression de ce que vous appe-lez à Paris une justice de paix, je veux dire d'un tribu-nal des affaires sans importance. Mon opinion n'a pas varié.

« Si l'on veut asseoir un jour une paix solide et du-rable, il conviendra de substituer à ce fantôme de tri-bunal une Cour internationale chargée de juger souve-rainement les litiges soulevés entre Etats ou entre individus de nationalités différentes. Ce tribunal suprême prononcera au nom de l'Europe et sous les yeux de l'Europe.

« Constitué par un choix d'hommes libres de toute attache, ce tribunal se prononcera après l'avis d'une commission d'enquête, d'un « Jury d'honneur international », qui au préalable aura étudié tout le conflit et déclarera : « Là est la vérité, là est l'injustice ».

— Ne croyez pas, m'affirme ici avec une certaine solennité le prince de Cassano, qu'il serait difficile autant qu'on le prétend, de faire respecter les arrêts d'un tel tribunal. Réfléchissez que dans la vie pratique l'emploi de la force armée pour défendre la loi est déjà exceptionnel. Le jour où une nation se refuserait à accepter la sentence qui la condamne, que pourrait-elle avec ses armements limités et en sentant peser sur ses torts la réprobation de tous? Florence a été longtemps la proie des guerres civiles. Un beau jour las des perpétuelles rivalités seigneuriales qui ensanglantaient leur cité, les bourgeois s'avisèrent de dire à leurs tyrans : « A dater de ce jour, nous ne permettrons plus que les tours de vos châteaux dépassent telle hauteur. Comme cela vous ne pourrez plus ni guetter, ni bombarder, ni fusiller vos rivaux. Si notre décision ne vous agrée point, nous nous soulèverons et nous jetterons bas et vos tours et vos châteaux. » Il suffit de ce geste des bourgeois florentins pour mettre fin aux guerres civiles. Tant il est vrai que la force morale est un élément de progrès que l'on néglige trop. Tenez, l'A, B, C, je veux dire l'union de l'Argentine, du Brésil et du Chili a pu empêcher de par sa seule intervention le conflit qui menaçait d'éclater entre les Etats Unis et le Mexique. Quelle leçon à tirer de cet admirable exemple! Ou bien il faut désespérer de l'humanité, ou bien, si nous savons être sages, pourra sortir, fondée sur une plus équitable conception des forces morales, la paix du monde.

Pendant qu'en termes pleins de sérénité il m'exposait la suite de ces théories, je regardais aller et venir, dans son cabinet plein de livres et de tableaux, le prince de Cassano. Sa haute et fière silhouette se dé-

coupait sur les objets familiers comme un portrait d'an·
cêtre. Il en avait la grandeur et la frappante distinctions. Avec sa carrure, la cordialité de son sourire et
sa barbe grise, il évoquait, de surprenante façon, certaines images du temps d'Henry IV. Et par une naturelle association d'idées je pensais que le Béarnais eût
pris plaisir à s'entretenir avec un si « guallant compagnon », parmi des flacons de vieux vins, de son *Grand
dessein de paix universelle*, sous les yeux de Sully, dé-
férent et attentif.

VIII

UNE LETTRE DES ECOLIERS DE VICENZA

—

En passant par Vicenza, 29 août 1915.

En 1910, lorque la Seine inonda Paris, entre toutes les voix qui s'élevèrent pour déplorer ce désastre et assurer les habitants de la sympathie du monde civilisé, on remarqua une adresse émanant des écoles de Rovigo. Sur l'initiative de leur maître, les enfants de ce pays avaient écrit une lettre pleine des plus généreux sentiments à leurs camarades de Rome, pour les inviter à secourir les Parisiens. A ces effusions de leur petite âme tendre, quelques-uns avaient joint une humble obole.

L'homme de cœur qui avait éveillé, chez les écoliers, ces précieux sentiments de solidarité latine, placé alors à la tête des établissements d'instruction publique d'Occhiobello, dirige aujourd'hui, à Vicenza, l'Orphelinat masculin et un patronage d'enfants. Il s'appelle M. Aldo Masieri. J'ai eu le plaisir de le rencontrer et de causer avec lui. Son admiration pour le génie français, son ardente foi patriotique, la générosité de ses méthodes pédagogiques m'avaient touché. En phrases éloquentes, il m'avait confié son rêve d'une Fédération des jeunesses de nos deux pays. Cette Fédération pourrait se fonder et s'organiser par la création d'une correspondance amicale, entre les enfants des écoles de France et d'Italie.

— Aux jours de bonheur, me disait-il, ces lettres apporteraient aux frères plus favorisés la satisfaction de savoir leur joie partagée de l'autre côté des Alpes. Aux jours d'épreuve, elles pourraient être une consolation et un réconfort.

Comme suite à notre conversation, hier matin, à mon réveil, deux gentils bambins à la mine fraîche et éveillée sont venus m'apporter cette lettre que, par l'intermédiaire du *Petit Parisien*, ils étaient heureux d'adresser aux écoliers de France :

« *A nos sœurs, à nos frères de France,*

« Nous avons rencontré aujourd'hui, dans cette ville, le correspondant du *Petit Parisien*, et nous profitons de son amabilité pour vous adresser notre affectueux et fraternel salut.

« Nos frères aînés se sont alliés pour défendre nos patries contre l'étranger. Faisons des vœux ardents pour la victoire et pour le retour de la paix.

« Pendant que nous prions et que nous attendons avec une inébranlable confiance, répondez-nous et acceptez le baiser fraternel des petits Italiens.

« Vivent la France et l'Italie!

« *Vicenza*, 28 août 1915.

« Signé : *Masieri Margherita, Amos Telesforo, Masieri Maria, Mario Masieri, Zubile Albina, Zanellato Mario, Cenzon Angelo, Caoduro Ferruccio, Pavanello Luigi, Rigolone Giacobbe, Perini Guglielmo, au nom de tous leurs camarades.* »

La grâce puérile de ce salut des écoliers de Vicenza à nos enfants, ne manquera pas de paraître touchante. Lorsque M. Masieri m'avait parlé de son projet de correspondance entre la jeunesse française et la jeunesse italienne, je lui avais répondu : « C'est une idée intéressante et qu'il ne faudra pas négliger après la paix. »

Peut-être n'est-il pas besoin d'attendre la paix, pour que des écoliers de notre pays répondent à ceux de Vicenza et leur envoient, à leur tour, un affectueux salut. Ils n'ont qu'à adresser leurs lettres à M. Aldo Masieri, directeur de l'Orphelinat de Vicence, à Vicence. Ainsi que me le disait encore cet excellent homme, si en tout temps les cœurs peuvent s'unir et élever contre le mal une barrière de générosité et d'héroïsme, c'est surtout dans les crises et les épreuves que se trempent les âmes les plus hautes et souvent les plus précieuses amitiés.

———

IX

UNE RANDONNÉE

DANS LES ANCIENNES TERRES « IRREDENTE »

Vicenza, 31 août 1915.

Ne croyez pas ceux qui prétendent qu'ils vont et
viennent sur le front italien avec la même facilité que
vous vous promenez de la Bastille à la Madeleine. Jusqu'ici la zone militaire a été sévèrement interdite à tous
les journalistes. Ceux qui affirment avoir vu, de leurs
yeux vu, la prise de Monfalcone ou franchi le bas I-
sonzo sous les obus, sont d'aimables feuilletonistes. La
vérité est que le général Cadorna achève, en ce moment, de décider si, et dans quelles conditions, il ad-
mettra auprès de lui des correspondants de guerre. Jusqu'à ce qu'il se soit prononcé, ceux-ci devront se contenter de sténographier les récits de certains blessés é-
vacués dans les hôpitaux — ou de très rares personnalités qui, par fortune, ont pu faire une brève apparition
sur la ligne de feu.

C'est ainsi, qu'hier, j'ai pu recueillir de la bouche de
M. Marco Praga les détails d'une courte randonnée au
delà de la frontière, d'Udine à Grado. Certes, c'était là
une aubaine. M. Marco Praga est un des écrivains en
vue d'Italie d'aujourd'hui. Entre les auteurs dramati-

ques de ce pays, on le compare volontiers à Henry Becque. Des œuvres comme la *Crise, Alleluia, Les Vierges, La femme idéale, Le bel Apollo*, lui ont valu une grande et légitime réputation. Esprit calme, lucide et précis, il a toutes les qualités de l'observateur. On peut être assuré que ce qu'il voit, il le voit bien, sans exagération ni diminution. Un hasard lui a permis d'accompagner, jusqu'à Grado, un officier supérieur. Et je ne l'ai pas écouté sans intérêt me narrer ses impressions.

Elles ont été diverses. Parti d'Udine, à ce moment-là le grand quartier général, M. Marco Praga put le premier jour se rendre à Cormons, descendre vers l'antique Aquileja et aller déjeuner à Grado. Il ne lui fallut pas des heures d'automobile pour se rendre compte de l'incroyable arbitre qui avait présidé à la délimitation des frontières, lors des néfastes accords de 1866.

« Sur le bas Isonzo, du côté de Monfalcone et Gorizia notamment, me racontait-il, je pouvais me demander à chaque instant où se trouvaient les limites des deux pays. Pas le plus petit obstacle naturel, pas même un bout de ruisseau. Ça et là, un poste de douane avec deux poteaux entre lesquels on devait tendre à certains moments une chaîne. Tout autour et partout, la campagne, des champs de maïs. Où finissait la terre italienne? Où commençait l'autre? Entre Cormons et San-Giovanni-di-Manzano, il y a au moins l'Iudrio, un petit cours d'eau qui constitue un confin naturel. Partout ailleurs nos yeux eussent vainement cherché les signes d'une affirmation nationale. L'étendue de ces champs sans frontière nous causait de singulières sensations. Rien ne nous apportait mieux l'impression de la légitimité des aspirations italiennes et de la justice de cette guerre. »

Grado, où M. Marco Praga et ses compagnons s'arrêtèrent, remplit leurs cœurs de pitié. C'était il y a dix-huit mois encore, une élégante station de bains de mer, une plage à la mode qui rappelait le Lido à Venise. Par milliers, les gens riches y venaient passer leur été. Aujourd'hui, dans la ville bombardée, tous les hôtels sont déserts. Et on ne rencontre dans les quartiers mornes que des femmes et des enfants. Tous les hommes ont été incorporés de force dans les armées de François-Joseph ou jetés dans des camps de concentration. Sur le troupeau craintif des femmes et des enfants, les aéroplanes de l'archiduc Ferdinand-Eugène font pleuvoir à chaque instant des bombes. La veille du jour où Marco Praga y arriva, deux petites filles encore y avaient été tuées. Et la population mourrait de faim sous les projectiles si, deux fois par jour, les soldats italiens ne lui distribuaient du pain, du riz, de la viande...

Le deuxième et le troisième jour, la petite troupe put approcher de Monfalcone, entrer dans Gradisca et pousser une pointe vers Gorizia. Elle arriva à quatre kilomètres de cette ville sur un petit coteau qui domine les hauteurs de Saint-Michel où sont installées les principales défenses de Gorizia. Là, M. Marco Praga put distinguer, s'étageant sur les hauteurs et le rayant de ses lignes grises le formidable appareil des tranchées autrichiennes. Il se trouva un instant presque au milieu d'un combat d'artillerie. Les obus autrichiens passaient en sifflant sur sa tête. Il voyait les obus italiens frapper les tranchées ennemies et les faire voler en éclats. Il put se rendre compte du valeureux effort que tentent et réussissent chaque jour les troupes italiennes. Son cœur de patriote s'en trouva réjoui et réconforté.

A Gradisca déserte et à moitié démolie, la précipitation des Autrichiens à évacuer la ville avait été telle que, dans la plupart des maisons encore ouvertes, les repas préparés pour eux étaient restés servis sur les tables. Quelques rares habitants occupaient seuls la ville. Les autres avaient été emmenés par les Autrichiens. On découvrit que la plupart de ceux qui étaient restés se livraient à l'espionnage.

A Cormons, un spectacle inattendu amusa les voyageurs. Une statue s'y dresse : celle d'un Maximilien qui fut empereur d'Autriche et qui ne laissa d'autre réputation que celle d'un gros homme épais et sensuel. Sans le moindre respect, les soldats l'avaient d'abord coiffé d'un sac. Le lendemain, ils lui avaient fixé dans

les mains l'étendard de la maison de Savoie. Ils jugè-
rent un peu après que le bronze n'était pas encore assez italianisé. Un bersaglier s'avisant d'une vague ressemblance proposa à ses camarades de baptiser «Christo-
phe Colomb » l'empereur autrichien. C'était faire à ce
balourd beaucoup d'honneur. On gratta le nom de Maximilien, on y substitua celui du grand Génois.

Entre Cervignano et Udine, M. Marco Praga rencontra Victor Emmanuel III. Un accident d'automobile
avait précipité dans un fossé deux malheureux soldats,
dont l'un eut la poitrine défoncée. Pendant qu'on s'empressait autour d'eux, une autre automobile stoppa sur
la route. Entouré d'officiers supérieurs, un général, très
vite, en descendit et s'informa avec sollicitude de l'é-
tat du blessé. M. Marco Praga ne put s'empêcher de
dire à son voisin :

— Quel est donc ce général qui ressemble si fort
au roi?

— C'est Sa Majesté elle-même, répondit le voisin.

Pendant que le roi prodiguait ses encouragements
aux soldats blessés, M. Marco Praga put le considérer assez longuement. L'allure jeune et fière du souverain le
frappa. Et aussi son entrain, son air de confiance et de
résolution.

Cette impression de confiance et de viril optimis-
me, l'écrivain la sentit d'ailleurs grandir et s'implanter
en lui de plus en plus forte et impérieuse à mesure que
les trois journées du voyage déroulaient plus comple-
tement devant lui le spectacle de l'armée italienne.
L'organisation des cantonnements, des services de ravitaillement et d'ambulance lui parut de tous points
remarquable.

Il constata avec satisfaction que l'installation des
cuisines mécaniques sur tout l'arrière du front permet-
tait de donner aux troupes une nourriture agréable, co-
pieuse et variée. Les soldats ont du pain frais à chaque
distribution. Pas une fois, non plus, ils n'ont manqué
de viande fraîche. La région du Frioul, à elle seule, a
fourni mille bœufs par jour.

— Oui, me répétait M. Marco Praga, les préparatifs de cette guerre ont été conduits chez nous avec les soins les plus minutieux. Nous avons le droit de dire que nos services d'intendance sont merveilleux, de même que, dans un autre ordre d'idées, l'héroïsme de nos soldats et les prouesses épiques de nos alpins.

Une question s'imposait. Des renseignements recueillis par l'écrivain se dégageait-il pour lui l'impression que la guerre serait longue? Il me répondit par deux anecdotes. Au moment où il y arriva, une comédienne bien connue en Italie, Mme Galli, se trouvait à Udine. Il la rencontra au café *chic* de l'endroit et assista à un bout de conversation qu'elle eut avec un des grands chefs de l'armée. L'actrice manifestait le désir d'attendre à Udine la fin des hostilités.

— La fin des hostilités? fit le général. Combien de mois supposez-vous que cela représente?

— Cinq, six, sept mois, répondit la comédienne.

— Chère madame, je crois que ce n'est pas assez, dit le général.

Par contre, un colonel d'état-major, qui passe pour un des esprits les plus avertis et les plus perspicaces de l'armée, faisait à M. Marco Praga cette déclaration :

— J'ai la conviction profonde qu'à Noël nous serons tous rentrés chez nous.

X

Dans l'admirable concert de voix interventionnistes,
Giolitti et les neutralistes constituent la note discordan-
te. Fidèle témoin du spectacle, j'ai du enregistrer celle-
ci. Sans passion et sans haine. Le reporter est le ma-
nœuvre qui recueille et élabore les matériaux de l'histoire. Comment ne s'inspirerait-il pas de la haute formule de celle-ci : *Ut quid veri audiat, ut quid non veri
non audiat Historia?*

AU PAYS DE GIOLITTI

—

Turin, 18 juin 1915.

Depuis que M. Giolitti a perdu la partie qu'il avait
engagée contre le ministère Salandra, il est venu se ré-
fugier dans sa propriété de Cavour, en plein Piémont,
à une quinzaine de kilomètres de Pignerol. Il s'y recueille, en attendant les événements. Quelle tentation
pour un reporter! Voir cet homme, lui demander de
parler et, s'il le peut, de se justifier, en expliquant les
motifs de sa surprenante attitude! Ah bien oui! le jardin des Hespérides devait être d'un accès facile auprès de la maison de l'ancien président du Conseil. La

première fois que je m'en suis approché, on m'a regardé de travers; la seconde, j'ai failli payer de la prison ma témérité.

Pour aller de Turin à Cavour, il faut prendre une ligne d'intérêt local et descendre à Pignerol. De là, une grande route s'allonge toute droite dans un vallon riant, paisible, arrosé d'eaux vives. En une vingtaine de minutes, une automobile me conduisit au petit bourg et, à son extrémité, à deux pas de l'église, se détachant sur un fond de verdure, j'aperçus la villa de l'homme d'Etat. Elle paraît solidement accrochée au flanc d'une colline verdoyante, dont Pline le Jeune (à ce que m'a raconté l'historien Guglielmo Ferrero) parle déjà, parce qu'il l'appréciait fort, le mont Saburcus. La situation est sûre et le panorama que, de là, on découvre, est d'une grâce infinie.

Ce fut là que je me présentai tout d'abord. On m'y apprit que M. Giolitti avait déserté sa belle villa, trop en vue probablement, pour aller habiter une autre maison plus modeste, cachée parmi d'autres, et qu'il tient d'un oncle. De hautes murailles entourent la propriété et défient également les regards indiscrets et les entreprises trop hardies.

Devant la porte se promenait un homme noir aux yeux pleins de méfiance. Sans sympathie il me regarda sonner et remettre à une accorte servante un mot dans lequel je demandais à l'ancien ministre de me donner quelques minutes pour me permettre, s'il le jugeait à propos, de lui poser quelques questions. J'aurais, bien entendu, enregistré ses réponses avec la courtoise impartialité qui est de règle au *Petit Parisien*. Sur ma lettre la porte s'était refermée si vite que je n'avais pas même eu le temps de jeter un coup d'oeil (*un'occhiata*, comme on dit ici) sur la propriété. Cinq minutes après, la servante revenait, me saluait avec grâce et me disait en prenant une fausse mine désolée qui la rendait plus gentille encore :

— *A Sua Eccellenza rincresce molto; ma non riceve nessuno.* (Son Excellence est peinée; mais elle ne reçoit personne.)

— Si vous vous étiez annoncé comme appartenant à quelque journal partisan de la neutralité italienne, vous auriez eu plus de chances, me dit quelqu'un.

J'assurai à mon interlocuteur que, même pour des félicités plus grandes qu'une entrevue avec M. Giolitti, je ne pourrais jamais me laisser aller à d'aussi affreuses extrémités. Et je résolus sans retard, ne pouvant interviewer l'ancien ministre, d'interviewer ses compatriotes. Ce fut plus facile et probablement plus agréable. Car en buvant d'un vin délicieux d'Asti, dont la fraîche saveur fondait en nous comme un fruit, je causai. Puis un peu plus tard encore, à Pignerol. Ici et là, on exprima des idées intéressantes. En voici la substance :

— Si violent que soit l'orage qui a éclaté sur lui, comment n'aimerions-nous pas notre illustre voisin? déclaraient les uns. Il est notre bienfaiteur. Il a enrichi cette région, il a comblé le pays de ses bienfaits. Et, ajoutait-on, le nombre des chevaliers qu'il à faits ici, comme à Dronero, sa circonscription, dépasse sensiblement celui des communes les plus favorisées du royaume! Aussi avons-nous donné son nom à une rue, la via Giovanni Giolitti... De plus, c'est un grand homme d'Etat. On rendra justice un jour à son labeur, à son intelligence, à son intégrité. S'il a fait ce qu'il a fait dans ces derniers temps, c'est qu'il avait ses raisons.

J'ai entendu peu de notes discordantes dans la région; mais très aigües, celles-là.

— Giolitti, me disaient des adversaires, a toujours été l'homme des petites habiletés politiques et, à dire la vérité, un corrupteur. Sa grande pensée, c'était de prendre le pouvoir à la fin d'une législature, de faire des élections à sa guise et démissionner peu après de façon à laisser un ou des ministères intérimaires essuyer les ardeurs des nouvelles assemblées. Plus tard, quand les députés se sentaient assagis par l'approche des élections, il renversait le gouvernement pour revenir en grand maître. Il a fait cela trois fois en quinze ans, avec trois Chambres. La seule jouissance de cet homme c'est de jouer au plus fin. Eh bien, il existe une variante de votre fable française du *Corbeau et du*

Renard. Un beau jour, le corbeau, tenant toujours dans son bec un fromage, attire à sa suite le renard, aveuglé par la convoitise, dans un piège à loups, et l'autre s'y brise les pattes. C'est ce qui est arrivé à Giolitti. Si vaincu qu'il soit, ne croyez pas d'ailleurs qu'il a renoncé à la lutte. Entouré d'une légion de ses créatures, dont il a peuplé les administrations, soyez sûr qu'il manigance encore perpétuellement des choses. Le renard est toujours là, aux aguets, dans son terrier, le nez au vent. Et M. Salandra ferait bien de se méfier!...

J'adoucis les termes qu'on employait devant moi, de même que je ne prends à mon compte aucune des appréciations flatteuses ou injurieuses formulées sur le compte de l'ancien président du Conseil. J'aime trop ce pays pour me laisser aller jamais à l'impertinence de paraître me mêler de ses affaires. J'ai le devoir de constater tout simplement que bien rarement homme d'Etat se trouva aussi violemment impopulaire dans sa patrie, tout en gardant l'affection de son village.

Avant de repartir, j'eus l'idée de jeter un dernier regard sur la maison de M. Giolitti. L'homme noir et méfiant montait toujours, devant la porte, sa faction inquiète. En me revoyant, il eut un sursaut, parut hésiter, puis venant à moi, il me demanda d'un air engageant si « ma courtoisie ne voudrait pas faire deux pas avec lui ». Ma courtoisie accepta avec candeur, pensant qu'on voulait me montrer quelque spectacle intéressant : M. Giolitti cultivant son jardin comme Candide ou son domaine comme Cincinnatus. Cependant, à peine avais-je tourné avec l'agent la via Plocchiu que, changeant brusquement de ton, il m'intima l'ordre de le suivre. En même temps, comme surgis de dessous terre, deux carabiniers en armes se plaçaient derrière moi et nous emboîtaient le pas. Je devenais un personnage!

L'aventure était piquante et je suivis, d'abord très amusé, l'homme qui, à chaque pas, me paraissait plus noir et plus méfiant. Il me regardait en dessous avec des airs sombres et je trouvais qu'il ressemblait étonnamment au Scarpia campé par le baryton Albers dans la Tosca. Si seulement j'avais vu apparaître, les bras chargés de roses, quelque Floria Tosca!

Je fus conduit ainsi à la gendarmerie et, devant un maréchal des logis, je dus subir un interrogatoire en règle. Qui étais-je? Que venais-je faire chez M. Giolitti? Pourquoi avais-je repassé une seconde fois devant sa maison? Quels papiers avais-je? Comment s'appelait mon père, ma mère? Est-ce qu'ils avaient connu M. Giolitti? Avais-je payé les droits de passe-port? Qu'avais-je fait la veille et l'avant-veille? Où avais-je couché? Avais-je des armes sur moi? Malgré moi, ma belle humeur s'en allait. Ah! ça que me voulait-on à la fin? Le maréchal des logis avait une bonne figure martiale et douce, avec les plis de finesse aux yeux. Evidemment le zèle du policier giolittien lui paraissait excessif. Son geste, son attitude disaient clairement: « Pourquoi ennuyer ce monsieur? » Mais l'agent se penchait à son oreille et des phrases obscures et menaçantes s'échappaient avec volubilité de sa bouche dure. Il voulut même un instant me fouiller. Devant ma révolte, le bon gendarme s'interposa; alors l'autre se contenta de tâter mes poches. Je porte d'habitude sur moi un petit canif. Par bonheur, je l'avais oublié ce jour-là. Sans quoi, qu'eût pensé l'autre? De noir, il en fût devenu bleu!

A deux reprises, il sortit du bureau, entraînant avec lui le maréchal des logis, de plus en plus ennuyé. Non, je n'étais pas antipathique à cet homme. Et puis, je l'avais appelé capitaine. Mais l'autre tenait bon. Il ne voulait pas me lâcher comme cela. Je passai trois grands quarts d'heure à attendre, sous la surveillance d'un autre agent. Pour me distraire, je tirai de ma poche un petit journal. En première page, il commençait la publication de *Le mie prigioni* de Silvio Pellico. Je jetai le journal et je regardai par la fenêtre doublement grillée. A l'horizon, se dressaient les hauteurs de Pignerol, où commença la captivité du Masque de fer!

Bref, après une attente que, l'appétit aidant, je commençais à trouver longue, je revis le maréchal des logis visiblement soulagé. L'agent avait-il téléphoné à

Turin? Avait-il couru prendre l'avis de M. Giolitti? On me dit que je pouvais repartir. Et, tout à la joie de la liberté reconquise, je remerciai le bon maréchal des logis de la grâce qu'il avait apportée dans l'accomplissement de sa tâche. Et, comme il s'excusait, je serrai sans rancune la main à Scarpia qui, subitement transformé, reprenait une figure gentille et souriante. Je l'avais mal jugé. Il paraît que c'est un fonctionnaire modèle et un fort brave homme. Déjà, il regagnait son poste d'observation : je le vis se hâter vers sa faction interrompue.

— Ah! dis-je, M. Giolitti est un homme bien gardé. J'espère que vous gardez aussi bien votre roi!

Quelques instants après, j'arrivais à Pignerol, et un mendiant se précipitait vers moi. Je lui donnai une pièce de monnaie quand il me jura qu'il était, lui aussi, un chaud défenseur de l'ancien ministre, et qu'il prierait Dieu pour moi, de toute la ferveur de son âme giolittienne. Je ne pus m'empêcher de lui dire de n'en rien faire. Son Dieu m'avait trop l'air de ressembler au vieux bon Dieu allemand!

XI

LA PREMIÈRE SORTIE DE M. GIOLITTI

Cuneo, juillet 1915.

Les braconniers de mon pays disent qu'avant de partir en chasse, le renard *tâte le vent*. On le voit apparaître sur le bord de son terrier, humant de son museau pointu les effluves qu'apporte la brise et démêlant en elles le voisinage d'une proie ou l'approche d'un péril. C'est, dans cette attitude significative, que M. Giolitti, du fond de sa province, vient de se montrer à l'Italie.

Depuis que j'ai eu l'agrément d'être arrêté pour avoir, en passant, regardé à deux reprises une maison où cet illustre homme d'Etat faisait la sieste, on nous a donné les renseignements les plus contradictoires sur sa retraite. Pour les uns, l'ancien président du Conseil était au point de vue politique, un homme mort. Et, dans sa solitude de Cavour, si l'écho des terribles manifestations dirigées contre lui il y a deux mois, lui laissait quelque liberté d'esprit, il en profitait, disait-on, pour rédiger ses mémoires et son testament politique. Pour d'autres, plus sceptiques ou plus intéressés à la résurrection de ce prétendu mort, M. Giolitti laissait passer l'orage et, ralliant ses troupes dispersées, il préparait quelque formidable revanche. A ceux là, dans la journée de lundi, M. Giolitti vient, sinon de donner raison, d'apporter au moins une première lueur d'espérance. Et les autres peuvent constater que, contrairement à leur pronostic, *petit bonhomme vit encore.*

Voici les faits : La plus grande partie des 69 Conseils provinciaux de l'Italie (c'est l'équivalent de nos Conseils généraux en France) se sont dejà réunis pour voter des secours aux familles des mobilisés, organiser les œuvres de guerre et adresser au Roi et à son Ministère de chaleureux témoignages de confiance et d'affection. Seul le Conseil provincial de Coni (ou Cuneo, comme vous voudrez) ne bougeait non plus qu'une bûche. Il attendait sans hâte la convocation de son président. Vous devinez que ce président est M. Giolitti et que celui-ci ne se sentait nullement pressé d'avoir à diriger un débat public sur la guerre. Fervente giolittienne, la majorité du Conseil imitait son silence, autour de lui rangée, comme eût dit Racine. Mais on avait compté sans la minorité qui réclama, cria, protesta, menaça, tant et si bien que l'ancien président du Conseil comprit qu'il devait ou faire son devoir ou avouer que ceux là jugeaient bien qui le déclaraient politiquement mort. Le renard se voyait contraint de sortir de son terrier.

Il résolut donc d'en sortir allègrement, la tête haute. Brusquement des journaux annoncèrent que, cédant aux instances de nombreux amis, il allait prononcer un grand discours. Plaidoyer? Non pas. Une apologie? Pas même. Une éclatante glorification de ses actes et aussi une virulente critique des conceptions politiques opposées. Par ce coup d'audace, M. Giolitti se figurait-il intimider ses plus déterminés adversaires? Il les exaspéra. L'avant garde de la presse interventionniste dénonça avec indignation « le complot préparé par les Giolittiens ». La vaillante *Gazzetta del Popolo* constatait «que au moment où l'Italie et son armée offrent au monde de si admirables preuves de sang froid et d'héroïsme, il y a une poignée d'hommes qui, tout en ayant l'honneur de représenter le pays, cherchent à rabattre, par leurs insinuations, son bel élan patriotique ». Elle montrait ceux-ci semant dans l'ombre des bruits perfides, exagérant le recul des Russes et le représentant comme terrible pour l'Italie.

« On peut voir, écrivait-elle, de nombreux sympto« mes d'une reprise du Giolittisme, reprise pleine de
« dangers et de honte contre laquelle la conscience ita« lienne se doit à elle même de protester. »

M. Maffeo Pantaleoni publia de son côté dans l'*Idea Nazionale* un vigoureux article dont le retentissement fut grand. Il y annonçait qu'un trust de journaux s'organisait en grand secret pour recommencer à soutenir la politique anti-nationale préconisée par le prince de Bülow et M. Giolitti. Une douzaine de quotidiens des plus grandes villes aurait été pressentis et des millions versés, on voit trop par qui. Tout est prêt, déclarait-il, pour organiser une campagne contre le ministère Salandra et tenter de persuader au pays qu'on le conduit à la défaite et à la ruine.

A son tour, se faisant l'écho de nombreux patriotes, le *Popolo d'Italia,* informait ses lecteurs de la résolution de l'ancien ministre. Avec la belle fougue qui lui est habituelle, il disait :

« Le seul fait que Giolitti annonce un discours est
« une insulte pour l'Italie toute entière. Cet homme ne
« peut plus parler en public. Il faut que cet homme
« n'ait plus le droit de se faire entendre. Il a perdu ses
« droits civiques; qu'il se contente d'avoir échappé, par
« chance, à la Justice. »

Ce langage avait de quoi faire réfléchir les plus résolus. M. Giolitti comprit que l'instant n'était pas encore venu, pour lui, d'une rentrée éclatante et de livrer un nouvel assaut au ministère Salandra. Le grand discours annoncé s'est mué en une modeste allocution prononcée lundi au début de la séance du Conseil provincial de Coni.

Cette séance, comme on pense, avait soulevé la curiosité publique et de loin on était venu pour y assister. Ceux qui aiment les tours de force ne furent point déçus. Comme deux heures sonnaient, on vit entrer l'ancien président du Conseil dans la salle des séances.

Il monta rapidement au fauteuil présidentiel, ouvrit les débats et, après les formalités d'usage, tirant de sa poche une feuille de papier, il se mit à lire un appel à la concorde, à la persévérance, au sang froid des forts qu'aucune difficulté n'abat ni ne décourage (admirez, en passant, l'insinuation). Avec une rare habilité, M. Giolitti évoqua le passé glorieux de la province et déclara que, lorsque le Roi appelle le pays aux armes, la province de Coni sans distinctions de parti et sans réserves, doit être unanime dans son dévouement au souverain, dans l'appui sans conditions à donner au gouvernement, dans une confiance illimitée envers l'armée nationale. Chacun des termes de cette allocution était si admirablement proportionné à l'état d'esprit de ses auditeurs qu'elle recueillit l'approbation de tous et que de vives applaudissements éclatèrent. A les entendre, l'homme d'état habitué depuis deux mois aux huées, aux sifflets, aux imprécations, aux menaces de mort, dut éprouver une profonde et savoureuse joie. Songez à l'ivresse du nageur qui roulé par les vagues, a pensé se noyer et qu'une heureuse fortune ramène sur le bord au milieu des vivats.

L'ordre du jour de la séance avait failli soulever une grave difficulté. La mention des subsides accordés aux familles des mobilisés avait été inscrite à la fin du sommaire, après de médiocres questions administratives, comme si on eût voulu escamoter ce qui était la seule raison de la séance. M. Giolitti demanda qu'on plaçât en tête ce qui était à la fin. Il fit élever de 10.000 à 100.000 lires le chiffre des subsides et après avoir mis au voix un ordre du jour patriotique plein d'admiration pour le Roi et pour l'armée, plein de confiance aussi envers le ministère Salandra, l'ancien ministre s'en alla applaudi, la mine plus fleurie que jamais en se disant certainement qu'il n'avait pas perdu sa journée. D'autant plus que le matin même, à ce que raconte la *Stampa*, les maires de son collège électoral de Dronero étaient venus l'assurer de leur affection, de leur enthousiasme, de leur reconnaissance. Ce à quoi lui avait répondu, sans rire, qu'il avait le sentiment d'avoir toujours travaillé pour le plus grand bien de son pays.

Ce singulier paradoxe a pénétré d'indignation les patriotes italiens. Le *Popolo d'Italia* qui ne mâche jamais la vérité à ses adversaires, écrivait hier :

« Après avoir fait tout ce qu'il a pu pour rendre « impossible la tâche de M. Salandra et avoir tenté les « pires manœuvres pour renverser le ministère, à l'heu- « re la plus critique de la vie nationale, il ose lui ex- « primer aujourd'hui sa confiance. Toujours hypocrite, « Giolitti reste bien le même!... »

Par contre, les partisans de l'ancien ministre se plaisent à constater que son attitude et son discours ont produit une excellente impression. Un ami m'apprenait tout à l'heure que, à la devanture de quelques magasins, on a fait, ce matin, disparaître les cartes postales qui représentaient M. Giolitti attaché au gibet des criminels et aussi d'amusantes figurines qui le représentaient, l'escopette sur le bras, en bandit de grand chemin.

Ce ne sont pas là d'incontestables indices d'un brusque revirement d'opinion. La loyauté, la perspicacité et la ferveur du patriotisme italien défient les pires entreprises giolittiennes. Néanmoins, c'est un fait digne de remarque que cette première reprise de contact avec l'opinion publique. M. Giolitti se flatte peut-être aujourd'hui d'avoir fait la première levée dans une revanche engagée contre le gouvernement actuel. Ses amis s'en trouveront probablement reconfortés. Il se souviendront que, l'avant-veille de la mémorable séance de la Chambre italienne, trois cents députés, assure-t-on, avaient déposé leur carte, en signe de fidélité, chez M. Giolitti. Il se diront que ces trois cents députés peuvent encore changer d'opinion une fois de plus, et je les vois se demander déjà quel coup droit va préparer maintenant dans sa retraite l'ennemi de M. Salandra. Après avoir tâté le vent, le vieux renard est rentré dans son trou. Quand il en ressortira, gare à l'imprudent fermier qui aurait laissé son poulailler ouvert!

QUATRIÈME PARTIE:

L'ITALIE EN ARMES

———

1

VERS LE FRONT ITALIEN

—

Brescia, 17 août, 1915

Ce matin, les cinquante journalistes admis à visiter la zone de guerre ont commencé à bénéficier des autorisations qui, après deux jours de minutieuses formalités, leur ont été délivrées.

Les régions de guerre ont été divisées en dix secteurs que, dans un ordre fixé, nous pourrons visiter en y séjournant un nombre de jours déterminé et en restant dans les limites des zones établies. Nous n'irons sur l'Isonzo qu'après avoir visité les autres fronts. Et c'est ce qui vous explique comment, ce matin, au lieu de filer sur Gorizia, je quittai Brescia pour le Trentin.

La route est pittoresque; elle court entre des vallées riantes, rafraîchies d'eaux courantes. Dans la douceur du matin, l'air est si pur, le paysage si calme et si reposant, les gens qu'on rencontre ou qui travaillent dans les champs ont une mine si paisible qu'on se demande si vraiment le canon tonne à quelques kilomètres de là. Des enfants bruns jouent, pieds nus, sur la route. Et, penchées sur le bassin d'eau savonneuse, c'est en caquetant comme à l'ordinaire que les commères du lavoir battent leur linge ou, le frappant du battoir, font jaillir au soleil des pointillés d'arc-en-ciel. Mais, sur la route, un continuel va-et-vient de troupes, de voitures de ravitaillement nous rappelle à la réalité.

A mesure que l'on s'approche de la frontière si vite et si joliment reconquise par la valeur italienne, les mines, au reste, deviennent plus graves. Ceux qu'on rencontre ont tous, dans leur regard profond, la même pensée : « L'ennemi déjà chassé de notre voisinage il faut le rejeter plus loin encore. » Cette pensée fait vibrer la voix et élargit le geste d'un jeune lieutenant d'infanterie qui accourt à nous lorsque nous arrivons à la forteresse de X..., qui baigne ses assises de pierre dans le charmant lac de Z...

L'officier est l'ami d'un distingué confrère italien, avec lequel je voyage, M. Vincentini. Heureux de passer quelques instants avec son ami, il accepte de nous accompagner jusqu'aux tranchées de... Son brûlant patriotisme s'épanche en réflexions et en récits. Il a arrêté, il y a quelques jours, un pêcheur du lac qui, la nuit venue, faisait des signaux aux Autrichiens postés sur les hauteurs. La veille, l'officier a fait le coup de feu avec des patrouilles avancées, dans les ténèbres. Et sa joie est grande d'expliquer tout cela à son ami, qui l'écoute en souriant.

Mais voici Ponte-Caffaro. Là, il y a deux mois, un petit pont jeté sur la Chiese, mince cours d'eau de quelques mètres, marquait la frontière. En franchissant le pont, d'un même mouvement, nous crions : « A bas l'Autriche! Vive l'Italie! » Des soldats, des curieux, des paysans font chorus :

— A bas l'Autriche! Vive l'Italie!

Le lieutenant nous raconte que, le jour de la déclaration de guerre, en apprenant la nouvelle, un douanier, au service de l'Autriche, a couru du côté italien et s'est jeté au cou des carabiniers royaux, de garde à cette extrémité :

— Enfin, criait-il, nous allons redevenir Italiens!... Allons boire à la défaite de François-Joseph. Quant à l'Autriche, qu'elle aille au diable!

Et il soulignait sa pensée d'un geste bien difficile à décrire.

Une heure après, nous arrivions aux tranchées. Une partie d'entre elles barre la route qui conduit de Ponte-Caffaro à X.... L'autre grimpe sur les deux coteaux entre lesquels chemine la route. Nous visitons les tranchées. Agréable impression. Toutes bien défilées, sèches et saines, elles donnent presque une sensation de confortable. Sur un point, construites en ciment armé, elles ne diffèrent en rien d'un couloir blanchi à la chaux, dans une maison neuve et bien ordonnée.

Des deux côtés de la vallée, d'autres tranchées grimpent obliquement. De la route, où nous marchons entre d'énormes chevaux de frise barbelés et prêts à être jetés en travers, on les devine plus qu'on ne les aperçoit, semblables à des ruches sauvages enfouies dans la mousse. Dans le vallon verdoyant et tranquille, baigné de paix et de silence, tout cet appareil de guerre surprend et choque. Il y a quelques jours, les mitrailleuses l'emplissaient de leurs détonations claquantes; les marmites pleuvaient et, sur cette route honnête, allongée entre des prés et des saules, des automobiles blindées grondaient, en crachant de la mitraille. De ce jour-là, les oiseaux se sont enfuis du vallon riant. Et à y regarder mieux, on a brusquement l'intuition que ce surprenant silence est peut-être fait de l'angoisse et de la stupeur des choses...

— Voulez-vous voir le village de Condino? nous propose-t-on?

Notre guide nous montre, de loin, un amas de maisons. Il nous explique que ce village, abandonné par les Autrichiens le 26 mai, fourmillait d'espions, restés en communication secrète avec leurs oppresseurs de la veille. C'est là une méprise habituelle aux esclaves. Le général n'a pas balancé. Il a donné deux heures à la population pour évacuer le village. Depuis, celui-ci est resté désert. Si nous voulons nous rendre compte...

— Mais oui, nous voulons voir.

On nous prévient que le chemin n'est pas absolument sans danger. A gauche, sur la hauteur, comme un nid à demi caché dans le feuillage, il est un petit hameau, Z...., encore au pouvoir des Autrichiens. De temps en temps, ils tirent sur les passants. Bah! nous verrons bien. Et nous faisons quelques pas sur la route, non sans jeter, par instants, un regard furtif sur le hameau. Il est charmant à voir, dans son cadre de feuillage avec ses maisons noires peureusement serrées, semble-t-il, contre le clocher. On dirait un bon Trouillebert. Un capitaine qui passe à cheval nous dit que, la veille, on lui a tiré dessus de là-haut, et qu'on a failli le tuer, de ce coin plein de poésie.

Au reste, la consigne est formelle. On ne va pas plus loin. Nous regardons sans bienveillance le Trouillebert et nous revenons sur nos pas. Il faut nous contenter des récits de ceux qui ont pu voir le village. Celui-ci présente l'image de la désolation. Portes grandes ouvertes, vitres défoncées, meubles vidés, vêtements oubliés, objets jetés par terre et piétinés dans un accès de colère peut-être ou de douleur. Tout est lugubre làbas.

Un soldat a ramassé, dans une maison, parmi des livres de classe éparpillés et lacérés, d'humbles devoirs d'écoliers, des copies, des dictées enfantines. Dans l'une d'elles, il a relevé avec stupeur ce fragment :

« Aimons notre bien-aimé empereur. Un ardent amour de ses sujets inspire ses actions. *Il a fait l'Autriche victorieuse, unie et redoutée. Et par là, chaque jour il impose la paix au monde!* »

Voilà comment le maître d'école autrichien enseignait l'histoire aux enfants confiés à ses soins. Comme nos amis les Italiens ont bien fait de venir arracher ces petites âmes à l'influence déprimante d'une pareille éducation! Quant à l'instituteur, que faut-il penser de lui? Est-ce un fonctionnaire à plat ventre devant l'empereur? Est-ce un ironiste? Faut-il rire ou s'indigner de ces mensonges? Après un haussement d'épaules nous revenons aux tranchées par la route que domine le petit hameau si poétique et plein de traîtrises. Mais les Autrichiens perchés là-haut ne daignent pas nous honorer d'un coup de fusil.

— C'est presque vexant, dit mon compagnon de route.

On peut différer d'avis là-dessus. Et sans ouvrir de discussion à ce sujet, je préfère admirer, un peu plus loin, le magnifique travail de réfection que le génie italien à exécuté sous le feu de l'ennemi. En s'enfuyant précipitamment devant l'élan des bersaglieri, après une de ces terribles volées que la presse viennoise qualifie pompeusement de décisives victoires, les Autrichiens ont fait sauter une route taillée dans le roc, sur une longueur de 150 mètres. En huit jours, malgré la mitraille qui pleuvait du haut des montagnes, nos alliés ont jeté un pont sur l'abîme et rétabli la route sur laquelle notre auto teufe-teufe allègrement.

Nous continuons à escalader la montagne : à neuf cents mètres, pittoresque tableau. Sur les escarpements de la chaîne qui, blanche et noire, monte dans le ciel, un bataillon d'alpins a établi son campement. Et c'est un échelonnement de petites tentes grises fixées parmi les éboulis. Au bas, à deux pas d'un magnifique torrent couronné d'écume, sur un terre-plein, disposée en ligne droite, une rangée de mulets mangent paisiblement. Des soldats nous ont aperçus et ils agitent leurs képis ; des officiers viennent à nous et nous demandent de boire avec eux au succès des armes de la France et de l'Italie. Nos âmes fraternisent dans un même élan vers la victoire.

Comme nous nous disposons à repartir, un petit soldat s'approche et me dit, en bon français :

— Moi aussi, je suis Parisien, monsieur.

Il me conte qu'il a habité dix ans Boulogne-sur-Seine, employé dans une blanchisserie. Fils d'Italien, la guerre l'a rappelé dans son pays. Il a l'air bon, franc et doux. C'est aussi un excellent soldat, aimé et apprécié de tous. Il s'appelle Louis Musa et, tout en se battant courageusement pour l'Italie, il voudrait bien qu'on ne l'oubliât pas trop en France. Il a du chagrin à ne recevoir que si rarement des lettres de son père et de sa mère, établis rue de Prony, à Asnières. Monsieur Musa, vous êtes prié d'écrire à votre garçon — qui est un digne et vaillant garçon.

II

LE FORT INVISIBLE

---

18 août 1915

Ne me demandez ni son nom ni où il est situé. Je n'aurais pas le droit de vous le dire. Qu'il me suffise de vous apprendre qu'on l'a si admirablement « défilé » qu'il faut, pour le voir, toucher presque ses murailles, et que c'est un prodige d'adresse et de dissimulation autant que de puissance technique. Le voyageur qui passe au pied de cette haute cime se dit que, seuls, quelques rares bûcherons, les chasseurs de chamois et les aigles doivent se rencontrer sur ses escarpements. Et l'étroite route qui commence à serpenter à sa base paraît s'arrêter presque tout de suite devant l'impossibilité d'accrocher, parmi les éboulis, un chemin quelconque.

Cependant, à force de persévérante volonté, une voie carrossable a été établie, qui gravit la montagne. Au bout de deux heures de rude ascension dans les courbes hardies et les pentes périlleuses, mon automobile a pu atteindre au fort. Quel beau spectacle en arrivant là-haut! J'en sais peu qui puissent donner une idée aussi saisissante de la préparation et de la puissance militaire de l'Italie.

Prévénu téléphoniquement de mon arrivée, le

commandant m'attendait à l'entrée du fort. Et aussitôt, après les premiers compliments, il se mettait à ma disposition pour me faire voir et m'expliquer tout ce que les règlements militaires lui permettaient de porter à ma connaissance. Un beau type de soldat élégant et robuste, à la fois mince et distingué, l'air fin et résolu. Il parlait avec la précision de ceux qui savent et la douceur modeste de ceux qui se sentent vraiment forts. Une confidence qu'il me fit acheva de lui gagner ma sympathie : né de père italien et d'une mère niçoise, il a le droit de considérer la France comme une seconde patrie. Et je fus heureux que ce bel officier se trouvait tout ensemble un ardent patriote italien et un demi-fils de notre pays.

Déjà il me faisait visiter les plus intéressantes parties du fort. Tout de suite j'entrevoyais la profondeur de sottise de ces Allemands qui, du haut de leur vaniteuse ignorance, raillaient l'armée italienne. Ils peuvent venir; nos alliés sont organisés pour leur en faire voir de rudes!

Comme un collectionneur qui, malgré lui, conduit d'abord son visiteur aux pièces rares, particulièrement précieuses de son trésor, le commandant m'offrit, sans tarder, l'impressionnant spectacle de ses batteries de 140.... En paroles brèves et lumineuses, il m'expliquait le montage, le fonctionnement, le mécanisme des pièces, leur portée, leurs effets destructeurs. Sur un geste de l'officier, les grands canons levaient, tournaient et balançaient leur cou monstrueux appareil, d'énormes obus arrivaient jusqu'à leur gueule.

Des batteries de 75 — le 75 français, enrichi du perfectionnement Déport — étaient rangés contre le principal corps de logis du fort, à deux pas des coupoles des batteries de... Comme des petites filles bien sages, assises aux pieds de grandes personnes. Nous ne leur jetâmes qu'un regard en passant. Par-dessus d'impressionants dépôts de munitions, nous montions sur la plate-forme. Et là, je ne pouvais retenir un cri d'admiration.

Si, à cette hauteur imprévue, sous son masque de

gazons et de rochers, le fort reste inaperçu des aéroplanes et des zeppelins, lui, découvre, domine, surveille, menace, peut battre un étonnant ensemble de pics, de vallées, de routes et de villages. Impossible de faire un pas, dans son formidable rayon, sans qu'il le voie, sans qu'il le permette. Malheur à l'armée qui s'avancerait dans ce terrible champ de tir! Irrésistiblement coupée, broyée et balayée, elle ne serait bientôt plus qu'un sanglant souvenir.

En me faisant comprendre tout cela, le commandant jouissait de ma surprise et de mon admiration. Je devinais pourtant que, si fier qu'il fût de ses batteries, de ses coupoles, de la puissance de son fort, en chef digne de ce nom, l'officier tirait plus d'orgueil encore de ses soldats. Il me les montra. Il en parlait avec affection et fierté. Il loua leur docilité, leur courage, leur patriotisme, leur endurance. Vigoureux et agiles, les hommes étaient taillés en hercules et le seul nom de l'Italie mettait des flammes dans leur yeux. Beaucoup étaient volontaires. La plupart, sans que rien ne les y contraignit, avaient quitté leur famille, leurs aises, une belle situation pour venir se battre, pour que l'Italie fût prochainement plus grande et plus glorieuse. J'eus le plaisir de serrer la main à un professeur de l'université de Naples, récemment enrôlé. Il y occupait avec distinction une chaire de langue et de littérature allemandes. Aux premières menaces de guerre, il avait jeté sa robe, avait réclamé un uniforme et il venait se battre contre ceux dont, la veille encore, il analysait la littérature.

— Pour la civilisation latine contre la « kultur » germanique, me disait-il. A bas l'Autriche et l'Allemagne!

Au milieu de ces braves gens et en compagnie de leurs officiers, à me laisser pénétrer ainsi du double sentiment de la puissance militaire de notre alliée et de la valeur morale de ses soldats, les demi-heures semblaient des minutes. Je songeai tout d'un coup, avec le plus vif regret, qu'il me faudrait bientôt repartir si je ne voulais pas que la nuit me surprît dans la montagne. Avant de remonter en automobile, je dus accepter, comme la veille dans le Trentin, de vider une coupe d'Asti en l'honneur de l'Italie. Sous les voûtes de la petite salle basse qui sert de mess aux officiers, nous trinquâmes avec l'émotion joyeuse de frères qui se sont retrouvés. Le choc de nos verres retentissait dans nos cœurs : « A l'Italie! A la France! Aux alliés et à la victoire commune! » Des cris de : « Vive la France! » commençaient : de mon côté, j'acclamais l'Italie, de toute la sincérité de mon affection, lorsque le commandant me dit :

— J'ai vu tout à l'heure un drapeau français fixé à votre automobile. Voulez-vous me permettre de vous le demander? Il n'y en a point ici. Je serais heureux de garder celui-là en souvenir de votre visite...

Je courus chercher le drapeau.

— Le voici, mon commandant, dis-je à l'officier en le lui offrant. Je suis bien certain que les Allemands et les Autrichiens ne se hasarderont jamais à venir vous l'arracher!

III

LA FANTASTIQUE BATAILLE
SUR LES GLACIERS

—

Bormio, 20 août 1915.

— Monsieur, me dit le maître d'école de... en m'indiquant du doigt un ensemble de cimes à demi effacées dans la brume, les luttes que soutiennent là-haut nos soldats sont des combats de Titans. A dire vrai, ceux que la mythologie nous dépeint comme ayant tenté d'escalader l'Olympe auraient réculé devant les prouesses de nos soldats...

Le maître d'école avait raison. Tout ce qu'on dit, tout ce que nous pouvons voir ou deviner, atteste que d'épiques aventures guerrières se déroulent sur la frontière ouest du Trentin. Ce qu'est cette frontière, on le sait. Une gigantesque muraille de pics et de glaciers qui, presque sans interruption, tantôt en ligne droite, tantôt de guingois, s'étend du Stelvio aux derniers contreforts de l'Adamello, à une-quarantaine de kilomètres du lac de Garde. Deux massifs dominent cette barrière naturelle, celui du Stelvio et le Tonale. Sur leurs flancs et sur leurs pointes, à 3,000 mètres d'altitude, en moyenne, s'écrit, en ce moment, une des plus glorieuses pages de l'histoire d'Italie.

Avant même d'avoir entendu un coup de canon, on s'en fait une idée nette aussitôt qu'après avoir remonté, depuis Aprica, le cours de l'Adda, on arrive à Bormio. C'est un des sites les plus curieux qu'on puisse voir. Représentez-vous une immense prairie surplombée de rocs et de cimes, si abondants, si pressés, d'aspect si hautain et si inaccessible qu'il semble qu'arrivé là, on touche à quelque surprenante limite du monde. A l'est et par delà l'étroite gorge de Braulio s'érige le groupe du Stelvio. Les Autrichiens se sont formidablement retranchés là, sur le col, à près de trois mille mètres, dans les parages d'un prétendu hôtel de touristes, l'Albergo Ferdinandshohe. Après avoir constitué, pendant la paix, un admirable centre d'espionnage, c'est aujourd'hui une excellente base d'opérations pour l'ennemi. De là, son artillerie pouvait prétendre à écraser, sous les obus, tout ce qui bougerait de l'autre côté de la frontière.

Les Autrichiens avaient compté sans l'intrépidité de nos alliés. Ceux-ci, dès le premier jour, sous la canonnade de l'ennemi, se sont établis d'inexpugnable façon en face des cimes occupées par leurs adversaires. Peu à peu, entre deux duels d'artillerie, ils avancent en surmontant d'incroyables difficultés. Plus haut que les glaciers, les soldats de François-Joseph se sont terrés dans des tranchées depuis longtemps taillées dans le roc. Mais il n'y a pas là de quoi arrêter nos amis. L'ennemi, qui se flattait de descendre, par la route du Stelvio, dans les plaines brescianes et de là sur Milan, ils l'ont arrêté net. au seuil de l'Italie. On peut être sûr que lorsque les Autrichiens bougent aujourd'hui c'est pour reculer.

La guerre prend ici un caractère si fantastique que les romanciers les plus audacieux n'auraient osé la concevoir telle qu'elle se déroule sur ces hauteurs, de cime à cime, de précipice à précipice. « Elle ressemble à s'y méprendre, me disait-on, à une chasse au chamois. » On guette et on attend. Malheur à l'adversaire qui se laisse apercevoir ou laisse deviner sa présence! Sa perte est certaine. Le jour, dans l'air glacé des sommets, c'est l'effrayant silence des hautes altitudes, rompu à intervalles par les détonations de l'artillerie lourde, qui remplit les montagnes d'un tumulte de catastrophes. Spectacle inouï. Il semble que, dans cet univers pétrifié de pics, de cimes, d'aiguilles, d'éperons, où canons et soldats demeurent invisibles, les montagnes, prises de démence, se crachent à la face des projectiles. Et longtemps, l'écho mille fois répété de la canonnade paraît le grondement, plein de rancune, de la nature contrainte et offensée.

A la nuit, les alpins entrent en scène. C'est l'instant des hardis coups de main, des fantastiques avancées au ras des précipices, en rampant sur les névés, des escalades à faire frissonner les plus résolus compagnons pendant que les autres, à l'affût, attendent, roulés dans leurs manteaux, derrière le bloc de roche, où l'ordre est d'attendre, même des heures, en silence, sans un mouvement, dans une atmosphère de glace qui atteint dix à douze degrés sous zéro... sans cesse aux aguets, l'oreille tendue vers l'ennemi qui peut-être s'avance, l'oeil essayant de percer l'épaisseur des ténèbres...

Brusquement, un éclair déchire la nuit; une fusillade commence. Quelquefois, une mêlée silencieuse; des cailloux roulent sur des pentes. Des cris s'élèvent, de colère ou de douleur... Puis le bruit s'éloigne; un dernier coup de feu est déjà lointain et l'écho s'éteint déjà. Une brève escarmouche vient de finir; les Italiens ont repoussé une attaque ennemie ou ont prononcé leur avance et tout rentre dans un silence plein de menaces.

Pas de grandes batailles possibles ici, jamais d'ardents combats de nuit qu'interrompent les premières lueurs de l'aube ou le duel des artilleries. Sur tout ce front, de plus de soixante kilomètres, du Stelvio à l'Adamello, sous les massifs de l'Ortler ou du Cevedale, la même incessante lutte se poursuit entre 2,600 et 3,200 mètres, de poste à poste, au milieu des ténèbres glacées ou des tourbillons de neige ou des traîtrises du brouillard. Peu de troupes engagées. Où et comment manœuvreraient elles? Deux bataillons, là-haut, valent une armée en rase campagne.

Quand, par un ciel clair, le Stelvio et les hauteurs italiennes reprennent la canonnade suspendue, celui qui a pu arriver jusque-là voit quelque chose d'extra-ordinaire. Ceci : Il voit les Suisses se mettre à la fenêtre, si j'ose dire. La crête de la Petite-Fourche, Forcella, située entre les cimes ennemies, se garnit de bons Helvètes qui, sans même payer le moindre droit des pauvres, assistent gratis au spectacle. Ils marquent les coups, supputent les chances, pronostiquent les effets du tir. Il s'en trouve certainement pour ouvrir des paris, tout en observant avec soin si quelque projectile ne tombe pas en territoire suisse, ce qui constituerait une violation de la neutralité.

En réalité, deux actions se poursuivent parallèlement, l'une autour du Stelvio, l'autre dans le massif du Tonale et les champs de glaciers qui s'étendent du Cevedale à l'Adamello. C'est sur ce second front que se livrent les plus violents combats. Peut-être parce que cette montagne, qu'il faut vaincre avant de vaincre l'ennemi, se laisse plus facilement attaquer ici.

Le jour même de la déclaration de guerre, les alpins enlevaient Forcella de Montozzo. Ils commençaient peu après à battre les positions autrichiennes de Monticello. Le mois dernier, longeant les crêtes, ils arrivaient aux tranchées d'Ercala et s'en rendaient maîtres, dans une impétueuse attaque. Entre le Palon della Mare et le Mont-Vioz, un passage naturel existe, qui conduit sur les pentes italiennes. Ce passage, les Autrichiens ont tenté plusieurs fois de s'y établir. Chaque fois repoussés avec d'énormes pertes, ils n'osent plus l'aborder.

Hier encore, sur un dangereux contrefort du Tonale, nos alliés jetaient bas les positions fortifiées de Pozzi-Alti et contraignaient leurs défenseurs à une prompte retraite. On m'a conté qu'un jour, pour achever une déroute de l'ennemi, les alpins se lançaient sur une cime réputée inaccessible et un prisonnier terrifié par tant d'audace, s'écriait :

— Vous avez donc des ailes, vous les alpins!

Qui dira ce qui, dans ces effrayants combats de nuit, où chacun, pour parler comme le poète, n'est témoin que « des grands coups qu'il donne », se dépense d'héroïsme, de ténacité, d'endurance chez nos amis italiens? Qui expliquera par quel effort d'indomptable volonté ils ont pu, jusqu'à ces hauteurs où les ascensionnistes ne se hasardent qu'avec mille précautions, hisser des batteries d'artillerie lourde avec tout leur matériel? Depuis des années, les autres se préparaient minutieusement avec la collaboration d'un puissant espionnage. Sur toutes les crêtes, ils s'installaient, ils s'organisaient. Il a fallu qu'en quelques semaines nos amis se missent en état de résister à ce formidable appareil de guerre. Ah! la puissance d'improvisation, les miracles du génie latin!...

IV

UNE LETTRE DE VERDI

—

Lac d'Iseo, 22 août 1915.

J'ai éprouvé, ce matin, la vérité de cet adage qu'ici-bas tout est heur et malheur. Je m'étais levé au petit jour pour aller à Bormio, sous le Stelvio, aux confins de l'Italie, de la Suisse et de l'Autriche. On disait le général Cadorna, S. M. le roi peut-être en tournée d'inspection de ce côté-là. Quelle occasion de les approcher, de leur parler, qui sait?... A tout hasard, je m'étais fait beau. N'exagérons rien, je veux dire que j'avais fait toilette. Dans l'automobile qui m'emportait, je me laissais aller aux plus belles espérances quand, au bout d'une quarantaine de kilomètres, je vis mon chauffeur pencher la tête à droite et à gauche, en louchant du côté du capot d'un air indigné :

— Qu'y a-t-il donc? demandai-je.

— Vous n'entendez donc pas, monsieur, depuis quelques instants, le bruit de ces continuels *ratés?* Il faut que je voie ce que c'est... Deux secondes au plus.

Déjà il avait mis pied à terre, et, avec un sourire engageant, il soulevait le capot de la voiture. Il examinait la magnéto, l'échappement, les bougies, le réservoir.

— Je vois ce que c'est, prononça-t-il d'un air heureux. C'est l'essence qui se comporte mal. Dans dix minutes nous roulons.

Dix minutes pour remettre l'essence dans le droit chemin, ce n'était pas beaucoup. Je fis quelques pas sur la route en regardant le charmant lac de Iseo. Lorsque je revins, au bout d'un quart d'heure, mon chauffeur avait une mine épanouie.

— Je vous le disais bien, me confia-t-il. Ce sont les cylindres. Un rien à faire. Dans une demi-heure, nous repartons.

Que répondre à un chauffeur lorsqu'on est, comme moi, incapable de distinguer les bougies d'une auto des cylindres d'un cornet à pistons. Un chauffeur est comme un capitaine en mer. Il est maître après Dieu sur sa machine, et, s'il vous tue, on n'a pas plus le droit de lui en vouloir qu'au commandant du paquebot qui fait naufrage. D'ailleurs, mon homme m'en imposait par la jovialité de son assurance. Je m'assis au bord du lac et je me récitai des vers. Ce qui valait mieux que d'aller au café, comme on dit. D'autant qu'il ne s'en trouvait aucun sur la route.

Au bout de trois quarts d'heure, je me tournai vers mon chauffeur. Il était radieux.

— Ah! monsieur, fit-il, pourquoi ne vouliez-vous pas me croire? Ça vient de la magnéto. Il faut que je la démonte complètement. J'ai besoin de deux heures. Après nous ferons, si vous voulez, du 90 à l'heure.

Je ne sus aucun gré au chauffeur de cette affirmation. J'ai horreur des vitesses excessives, d'abord parce qu'elles vous donnent la mine de vouloir écraser les gens; ensuite parce que j'ai le mauvais goût de tenir à ma peau... D'autre part, je sentais que j'avais épuisé tout l'agrément du paysage. Et je voyais s'éloigner le but de mon excursion. D'assez méchante humeur, je gagnai le plus prochain village. Une petite *fattoria* ouvrait sa porte, comme une invite au passant. J'y entrai en bâillant; je devais en sortir enchanté.

Un Milanais, grand érudit, grand dénicheur de raretés, lettré fin et délicat, M. C..., se trouvait là par ha-

sard. Il s'efforça de me consoler de ma mésaventure...
Au cours de la conversation, il me dit :

— Je suis sûr que vous ignorez (comme d'ailleurs tout le monde dans votre pays et la plupart de mes compatriotes) que notre Verdi a écrit en 1870 une admirable page sur la France...

Il me montra (elle est contenue dans *I copialettere di Giuseppe Verdi*, Milan, 1914; Cesare Luzio). Oubliant tout dépit, je tressaillis, en la lisant, de fierté et d'émotion. C'est une lettre adressée par l'auteur de *Rigoletto* et de la *Traviata*, durant les jours les plus sombres de 1870, à une dame de ses amies, la comtesse Maffei.

La nouvelle de nos revers avait pénétré de tristesse le cœur de Verdi. Le triomphe de l'Allemagne l'épouvantait. Il entrevoyait que l'ambition germanique étendrait, un jour, ses convoitises sur l'Italie. Déjà, il prévoyait que les intérêts, bien entendus, de notre sœur latine étaient inséparables de ceux de la France et de la civilisation. La clairvoyance du patriote ajoutait à l'indignation de cette grande âme généreuse. Il écrivait :

« *Santa-Agata, ce 30 décembre 1870.*

« *A Clarina Maffei,*

« Ce désastre de la France me plonge ainsi qu'à vous la désolation dans le cœur. La France a donné la liberté et la civilisation au monde moderne. Si elle disparaît, il ne faut pas nous faire illusion : toutes nos libertés, toute notre civilisation disparaîtront avec elle. Laissez certains lettrés, certains hommes politiques vanter le savoir, la culture et aussi (que Dieu leur pardonne!) les arts de ces vainqueurs. S'il y regardaient d'un peu près, ils s'apercevraient que, dans les veines de ces gens-là, coule toujours l'ancien sang des Goths; qu'ils sont d'un orgueil démesuré, durs, intolérants, contempteurs de tout ce qui n'est pas Allemand et d'une rapacité sans bornes. Hommes de tête, mais sans cœur; race forte, mais aucunement civilisée. Et ce roi qui a toujours sur les lèvres ces mots : « Dieu, la providence! », et qui s'imagine qu'avec l'aide de celle-ci, il pourra détruire ce qu'il y a de mieux en Europe! Il se croit prédestiné à réformer les mœurs et à châtier les vice du monde moderne. Joli type d'apôtre!

« L'autre Attila (encore un apôtre du même genre) s'inclina, du moins, devant la majesté de la capitale du monde antique. Celui-ci est en train de bombarder la capitale du monde moderne. Maintenant que Bismarck veut que l'on sache que Paris sera épargné, je crains plus que jamais pour la grande ville. Pourquoi?... Je ne pourrais le dire... Peut-être pour que disparaisse, dans toute sa beauté, une capitale comme ils n'arriveront jamais à en faire une. Pauvre Paris que j'ai vu si gai, si beau, vraiment splendide, en avril dernier!

« Et après? J'aurais voulu chez nous une politique plus généreuse et aussi que l'on payât une dette de reconnaissance. Cent mille Italiens pouvaient peut-être sauver la France. *De toute façon, j'aurais préféré que nous fussions vaincus avec les Français*, à cette inertie qui nous fera juger un jour. La guerre européenne nous ne l'éviterons pas. Cela n'arrivera pas demain; mais cela arrivera sûrement. Un prétexte est si vite trouvé... Rome, peut-être.... la Méditerranée? Et puis, n'y a-t-il pas l'Adriatique qu'ils ont déjà proclamée mer allemande! »

De cette page mémorable qu'on pourrait croire écrite d'hier, je n'aurai pas l'impertinence d'affaiblir la grandeur et la portée par le moindre commentaire....
« *Cent mille Italiens pourraient peut-être sauver la France. De toute façon, j'aurais préféré que nous fussions vaincus avec les Français, à cette inertie...* »

Ainsi, au moment où Richard Wagner, dans un abominable pamphlet, insultait Paris, bombardé et affamé, voilà les nobles paroles qui jaillissaient du cœur de Verdi.

Pendant que je lisais et relisais ces lignes admirables, mon chauffeur, plus joyeux que jamais, vint me déclarer que la panne était d'une exceptionnelle gravité. qu'il y avait lieu de changer trois ou quatre pièces de sa machine et qu'il me faudrait renoncer à pousser plus avant, dans la direction du Stelvio. Une heure auparavant, la nouvelle m'eût fait trépigner d'impatience. Elle me laissa indifférent. Je ne songeais plus qu'à l'émouvante lettre. Je suis heureux de la faire connaître à nos lecteurs. Et je propose que, lorsque dans cet Opéra trop longtemps envahi des fuligineux tumultes wagnériens, on élévera au grand musicien de *Rigoletto* et de la *Traviata* la statue qu'il mérite, on grave sur le socle quelques fragments de sa lettre, avec ces simples mots : « A Joseph Verdi, qui fut un compositeur de génie et qui, aimant et comprenant la France, eut la haine de l'Allemagne. »

V

SUR LA ROUTE DE TRENTE

—

Ala, 24 août 1915.

J'ai pu refaire, ce matin, sans le moindre danger et avec le plus vif agrément, la route que nos alliés italiens ont si brillamment parcourue dans leur offensive sur le Trentin.

De Vérone, une voie large et facile longe l'Adige, « *grosse larme qui coule des terres irredentes* », écrivait naguère un poète de ce pays. D'abord verdoyante et large, la vallée se resserre et finit par ressembler singulièrement, à mesure qu'on s'approche de l'ancienne frontière, aux paysages de la Savoie, notamment entre Saint-Jean-de-Maurienne et Modane. En passant, on donne un regard au plateau de Rivoli, agréable et riant, sur la droite. Le souvenir de la défaite qu'y infligea le général Bonaparte au prétentieux Alvinzi conduit naturellement à penser au nombre imposant de batailles perdues depuis deux siècles par l'Autriche.

Les autorités militaires ont autorisé les journalistes à visiter, ce matin, les avant-postes du Trentin. Et après une promenade aux tranchées de X..., nous parcourons, de l'autre côté de l'Adige, la position fortifiée de... Les plus difficiles techniciens s'en déclareraient enchantés.

Il s'agissait de camper une inexpugnable défensive (en attendant la reprise de l'offensive, imminente peut-être) en face de deux hauteurs qui ferment la vallée et rejettent le fleuve vers le Sud. Le problème a été résolu d'élégante façon par l'utilisation de deux montagnes, qui sont devenues, du haut en bas, de véritables forteresses. Celle que je visitais, en grimpant, tout essoufflé, derrière le jeune général qui commande le secteur, et qui, lui, allègre et cordial, sautait de roc en roc comme un chamois, a été transformée en une redoutable machine de guerre.

L'honneur en revient, nous apprenaient les officiers, à un capitaine du génie qui est un homme extraordinaire. Ce qu'il a entassé là, sur et dans cette montagne, d'inexpugnables tranchées, de surprenants couloirs maçonnés, de cavernes à surprises et d'observatoires introuvables, dépasse l'imagination. La position est devenue, si j'ose dire, un immense bouclier, capable de cracher, par mille ouvertures secrètes, une terrible mitraille. L'ennemi l'a compris : il ne se hasarde plus en dehors des abris qu'il a choisis à 1,600 mètres, sur la chaîne escarpée du fond de la vallée. Et s'il bombarde, chaque jour, un peu au hasard, les environs de l'Adige, c'est sans le moindre espoir : « Les officiers veulent gagner leur solde! », disent les Italiens, goguenards.

Avec infiniment de courtoisie, nos guides nous expliquaient l'impossibilité, pour l'artillerie autrichienne, de réussir ici un tir vraiment efficace. Des observatoires construits sur les deux montagnes, on a repéré les batteries, vraies ou fausses de l'ennemi. Quand le commandement suprême le voudra, il sera facile de les réduire définitivement au silence. Aussi la confiance des troupes éclate-t-elle sur la mine réjouie des soldats que l'on trouve dans les chemins, derrière les rochers ou qui surgissent brusquement de dessous terre. Il n'en va pas de même, de l'autre côté. Une vieille femme, rencontrée dans un village, sur la route d'Ala, nous racontait que, d'après les lettres de son fils, enrôlé de force par les Autrichiens, le moral de ceux-ci était pitoyable : « Il y en a qui pleurent quand ils savent qu'on se battra le lendemain » nous disait-elle.

A Ala, où, après la visite aux avant-postes, je suis revenu pour déjeuner, la municipalité a déjà consacré sa réunion à l'Italie en donnant à une rue le nom de rue du 27-Mai, date de l'arrivée des troupes italiennes. Un peu hésitants d'abord, et vaguement inquiets à la pensée d'un retour possible des soldats de François-Joseph, les habitants se laissent aller peu à peu à la joie d'être redevenus, politiquement parlant, comme ils l'étaient déjà par la nature, les frères des Italiens. Leur cœur s'ouvre à la patrie rédemptrice, comme, aux premiers jours, leurs maison s'ouvraient aux détachements victorieux. Dans Ala, pittoresquement adossée à l'Adige et si curieuse avec ses rues étroites, montantes et caillouteuses, ses vieilles maisons, ses façades ornées de fresques religieuses; dans Ala, il n'y a plus qu'une voix pour s'écrier, entre amis, loin des oreilles autrichiennes : « Enfin, ils sont venus, nos frères! » Les quelques partisans de François-Joseph qui sont demeurés là assistent, la rage au cœur, à cette définitive absorption des dix mille habitants d'Ala par l'âme italienne. Le temps n'est pas loin où se sentant de plus en plus étrangers à tous ici, méprisés et fuis, d'eux mêmes ils s'élimineront.

J'étais entré dans une humble boutique pour quelques menus achats. Pendant la conversation, je demandai brusquement à la marchande si elle était satisfaite de ne plus être Autrichienne. Après un rapide regard autour d'elle (le regard qui instinctivement cherchait l'espion naguère) elle leva les yeux au ciel et, dans un élan, elle répondit : « Ah! monsieur, la vie n'était plus possible. Vivre sans cesse au milieu des mouchards! Il faut en avoir souffert comme nous pour comprendre cette torture. Par instants, c'était à crier!... »

Dans l'accent de la petite marchande, dans la haine qui brûlait ses phrases, je retrouvais le même atavique amour de l'Italie qui a inspiré à une jeune fille du pays l'action la plus héroïque. Il s'est trouvé, dans Ala, un cœur si brûlant de patriotisme italien qu'il a marqué sa place dans l'histoire de la conquête du Trentin. Voici le fait :

Le 27 mai, vers onze heures et demie du matin, les troupes italiennes arrivaient, au pas de course, à la gare d'Ala. Et, solidement rentranchés un peu plus loin, les Autrichiens ouvraient sur eux un feu terrible. M.lle Maria Abriani (c'est le nom de notre héroïne) habite, au sommet de la cité, une maison couronnée de jardins en terrasse. De ces jardins, palpitante d'espoir et de patriotisme, elle suivait les péripéties de l'assaut donné par ceux qu'elle attendait comme des libérateurs... Elle eut soudainement l'intuition qu'en arrivant jusqu'à sa demeure, les assaillants pourraient tourner les Autrichiens et les contraindre à la retraite. Elle n'hésite pas; au risque d'être prise entre deux feux, elle s'élance dans la rue. Elle court, elle arrive auprès d'une compagnie d'alpins, fait comprendre au capitaine l'opportunité de la tactique qu'elle a entrevue. Elle guide les soldats jusque dans sa maison et au sommet des jardins. Et pendant toute la durée de l'action, elle assiste au combat, sous les balles, auprès du capitaine, à qui elle ne cesse de fournir, à chaque instant, les plus précieuses indications. Entre temps, elle soignait les blessés, leur donnait à boire, les réconfortait de tendres paroles, et sa grâce persuasive faisait sur eux descendre l'espérance.

Grâce à ses conseils, les Autrichiens, surpris par l'attaque imprévue des alpins, se voyaient tournés. Ils reculaient peu à peu, puis finissaient par battre en retraite. Et Ala était conquise. Informé de la conduite héroïque de Maria Abriani, le roi lui a (honneur insigne accordé dans d'infiniment rares occasions aux civils) conféré la *Médaille pour la valeur*, l'équivalent, pour les généraux, de notre médaille militaire.

Ne croyez pas, sur ce récit véridique, que Maria Abriani est une de ces puissantes créatures aux allures hommasses, que le peuple appelle des dragons et qui évoquent irrésistiblement l'idée d'une erreur de la nature. C'est, au contraire, une jolie personne mince, élégante, aux joues fraîches, aux traits fins, avec des yeux pleins de douceur et de sourire. Ce qui établit, une fois de plus, une vérité que nos femmes, en France, ont prouvée cent fois, à savoir que l'héroïsme n'est nullement l'apanage du sexe laid et grave. Comme j'avais l'indiscrétion de demander à Maria Abriani ce à quoi elle s'occupait sous la fusillade, pendant l'ardent combat livré autour d'elle, elle resta interloquée une seconde, dans sa modestie. Puis elle me regarda avec malice, et, en riant du plus joli rire du monde, elle répondit :

— Je faisais des potins avec le capitaine...

N'est-ce pas Joubert qui a dit que la suprême parure de l'héroïsme, c'est l'esprit rehaussé de gaieté!...

VI

EN VUE DE ROVERETO

—

26 août 1915.

A qui veut se pénétrer de tout ce que la politique autrichienne à l'égard de l'Italie contenait de déloyauté, de haine et de dissimulation, il faut recommander un voyage dans le Trentin. Et tout particulièrement une visite à l'ancienne position fortifiée du Pozzacchio.. Je ne sais pas, pour un futur diplomate, de plus éclatante leçon de choses.

Lorsqu'en venant de Schio on dépasse le plateau des Fugazze, on voit se dresser devant soi, dominant et commandant la vallée de Vallarsa, entre deux chaînes imposantes qui limitent l'horizon, un énorme rocher qui érige son sommet à 1,600 mètres. De loin, on dirait, sur un corps d'animal fabuleux, une tête monstrueuse chargée d'yeux. Si l'on s'approche, on s'aperçoit que ces yeux ouverts sur le vide constituent des ouvertures de batterie et que ce chef invraisemblable est un vrai fort taillé dans le roc et destiné à battre la vallée.

Le 27 mai, dans leur irruption en avalanche sur le Trentin, nos alliés débordant de tous le côtés se sont emparés, sans coup férir, de ce point stratégique, en même temps que de toute la vallée. Dans l'enceinte du fort autrichien, ils ont pu faire d'intéressantes constatations.

Ils ont pu s'apercevoir tout d'abord, que, en même temps que, par le renouvellement de la Triplice, l'Autriche s'efforçait de tromper et d'endormir l'Italie, elle se préparait, dans le plus grand secret, à l'envahir, de la façon la plus méthodique et la plus implacable, avec des raffinements de haine et de déloyauté.

A parcourir le fort tombé entre les mains de nos amis, on reste stupéfait. Depuis sept ans, il était en construction. Des travaux cyclopéens y avaient été fouillés jusque dans ses entrailles. On y avait creusé, au prix de quels efforts! dans de sûres retraites, d'inexpugnables batteries. Sur la vallée qu'il s'agissait de dominer ou d'écraser, d'étroites ouvertures avaient été pratiquées pour laisser passer la gueule de formidables canons. Tous les perfectionnements de l'art de tuer avaient été entassés là-haut. A un signal, la terreur en devait descendre et précéder la marche des armées autrichiennes vers Vicence, Vérone et Milan.

Ces beaux rêves ont été réduits à néant par la déclaration de guerre de l'Italie. Le fort n'était pas encore terminé. Sous le feu des canons transportés à dos d'hommes par les alpins au sommet des montagnes environnantes, les Autrichiens ont dû se replier, quitter précipitamment la position et dégringoler en courant par les éboulis sur Rovereto. Ils ont abandonné leurs armes et le matériel. Et le spectacle est aussi curieux qu'instructif de cette forteresse à moitié achevée qui a maintenant l'aspect d'un chantier déserté, au milieu duquel les machines les plus diverses semblent attendre les ouvriers, à deux pas d'énormes coupoles d'acier, prêtes à être mises en place sur des canons.

Avant de prendre la fuite, les soldats de François-Joseph sont descendus dans les souterrains, et ils ont muré leurs pièces d'artillerie, très probablement après avoir disposé, derrière des revêtements de maçonnerie et des amas de terre, quelques mines cachées, qu'on fera d'ailleurs méthodiquement exploser un jour. Puis ils ont incendié les deux casernes abritées derrière le fort. Un alpin a ramassé un tison, et il a tracé, en énormes lettres noires, sur les murs restés debout, cette fière inscription : *Avec le charbon des incendies allumés par l'Autrichien, nous écrivons nos victoires* ».

Du sommet du...., on aperçoit, toutes blanches au fond de la vallée verte, les dernières maisons de Rovereto, une église, un couvent. L'ennemi est là, à une portée de fusil. La petite ville, qu'on devine coquettement penchée sur l'Adige, est, à l'heure actuelle. complètement encerclée, des hauteurs avoisinantes, par les forces italiennes. En quelques heures, elle pourrait être détruite par leurs batteries. Mais, ainsi que me le disait un officier, *l'Italie ne fait pas la guerre à l'allemande*. Nos alliés conduisent leurs opérations militaires en gens civilisés. Et puis, ils savent que Rovereto est déjà virtuellement à eux. Ils y entreront quand ils le voudront, dans l'irrésistible poussée de leur marche en avant. Pourquoi, dès lors, bombarder une ville, qu'il s'agit moins de conquérir que de libérer?

Cette marche sur Rovereto, la continuation de leur victorieuse avance dans le Trentin, soldats et chefs l'attendent avec une impatience qu'ils ne songent point à dissimuler.

— Nous sommes prêts, nous répétaient ceux que nous rencontrions dans la vallée... Ah! si le signal pouvait être donné cette nuit!

En attendant, hommes et chefs se maintiennent en pleine forme, par d'incessants travaux. En quelques jours, ils ont construit, en pleine montagne, de véritables routes. Leur belle humeur reste parfaite et s'épanche à tout propos. Ce matin, un aéroplane ennemi est venu explorer leurs positions. Il a été accueilli par des huées et des quolibets, comme le sont les ridicules inventions de la presse viennoise. Des prisonniers ont raconté, à la grande joie de tous, d'amusantes histoires sur François-Joseph. A les en croire, le sinistre vieillard serait tombé en enfance. Quelques précautions qu'on eût prises, le bruit de cette démence sénile se répand dans tout l'empire. Et des anecdotes ont couru que les soldats accueillent avec de grands éclats de rire.

En voici deux que je rapporte telles qu'on me les a narrées :

Quand on annonça au souverain que Monfalcone était tombée aux mains des Italiens, il parut d'abord très affecté; puis, se remettant, il dit au ministre de la Guerre :

— C'est grand dommage. Ce Monfalcone est un gentil garçon. Il faudra tout de même lui donner de l'avancement...

Un autre jour, ses conseillers lui demandent de visiter des blessés et de leur apporter quelques paroles de réconfort. François-Joseph paraît comprendre et se fait conduire à l'hôpital. Entouré d'un brillant état-major, il arrive dans la salle principale. On y a réuni les plus intéressantes victimes de la guerre. Il jette autour de lui un regard bienveillant, se met à sourire et dit au milieu de la stupeur générale :

— Mesdames et messieurs, ce bal est charmant. Allons, en place pour la prochaine valse.

— La prochaine valse, ajoutait un officier qui, à côté de moi, écoutait raconter l'histoire, nous nous chargerons de la faire danser aux Autrichiens, quand on le voudra. Voyez : l'orchestre est prêt...

Et du geste, il me montrait sur les montagnes environnantes, d'impressionantes lignes de batteries prêtes à entrer en action.

VII

DEVANT LE MUR

———

Arsiero, 28 août 1915.

Victor Hugo a dit l'irrésistible attrait d'un mur derrière lequel il se passe quelque chose. Cet attrait, les
journalistes admis dans la zone de guerre l'ont éprouvé,
hier, jusqu'à en être fascinés et torturés, Seulement, le
mur, c'était toute une chaîne de sommets, derrière laquelle l'armée italienne, victorieuse la veille, consoli-
dait ses nouvelles positions.

La course prévue pour ces deux derniers jours par
les soins de nos guides militaires prévoyait un itinéraire
développé de Vicenza à Castel-Tesin, dans le Trentin
conquis, et se rapprochait singulièrement de Borgo,
centre de l'action couronnée de succès. Un communiqué du général Cadorna nous apprenait, avant-hier matin, que, grâce à un mouvement tournant, conduit avec
habileté, les troupes venaient d'occuper, au nord, le
mont Armentera; au sud, le Salubio. On disait que la
lutte continuait. Admirable occasion pour apercevoir
les péripéties d'un combat et décrire une nouvelle défaite des Autrichiens.

Aussi, sur la route de Vicenza à Bassano et à Primolano, l'ancienne frontière, les automobiles filaient à des allures de course. Tous, nous tenions à arriver vite et les premiers. Nous songions que cette journée couronnerait les débuts de notre voyage. Jusqu'à présent nous avions pu constater les effets de l'offensive italienne s'emparant des cimes frontières et s'y installant. Nous avions enregistré la joie des populations libérées. Nous avions visité les puissantes défenses auxquelle se heurterait un retour en arrière des Autrichiens. Imaginez par là-dessus l'intérêt d'un engagement décisif. Nous frémissions d'impatience.

Les soixante-dix kilomètres qui séparent Vicence de Primolano furent franchis sans qu'on s'en aperçût presque. C'est à peine si nous donnions un regard à la vallée de la Brenta et aux villages que nous traversions en tempête.

Une première désillusion nous attendait à l'extrémité d'un pont de fer, que les troupes italiennes jettent à ce moment au bout de Strigno. Un maréchal des logis de carabiniers nous assura qu'on ne pouvait pas aller plus loin. Devant notre surprise, il s'offrit à nous accompagner jusque chez le commandant d'étape. Fort courtoisement, celui-ci nous déclara qu'il était aux regrets de nous désobliger, mais que, de grand matin, l'ordre était venu d'arrêter, sur ce point, toute circulation. Il nous montra du doigt un massif de croupes boisées à l'horizon : « On se bat là-bas », nous dit-il.

Nous le savions bien. C'est même pour cela que nous étions si pressés d'y arriver. En consultant une des intéressantes cartes que l'état-major a mises aimablement à notre disposition, un de nous s'aperçut qu'on pourrait peut-être approcher de l'endroit interdit, en faisant un grand détour par Fiera di Primiero. C'étaient cent cinquante kilomètres à faire encore sous le soleil dont les caresses devenaient désobligeantes. Mais qu'était-ce que cela pour notre zèle et nos secrets espoirs?

En trois heures, de vive allure (songez que nous n'étions plus en plaine), nous arrivions à Fiera di Primiero et bien que forcés de nous arrêter quelques instants, par égard pour les pneus et les freins, nous prî-

mes à peine le temps de déjeuner pour repartir plus vite.
Tous les coups de canon qui se tiraient là-bas, nous disait-on, il semblait qu'on les dérobât à notre curiosité
professionnelle. D'une oreille distraite, nous écoutâmes
un officier nous avertir avec bienveillance que nous ne
pourrions rien voir; que si une action était engagée, elle
se déroulait bien plus loin, à plus de vingt kilomètres
du point terminus de notre course et que nous serions
des sages en nous bornant à apprécier la curieuse route
stratégique que les Autrichiens ont naguère percée dans
la montagne et que nos alliés perfectionnent en ce moment.

Pour aller plus vite, nous ne prîmes pas de café.
Songez au temps qu'il faut pour que fonde un morceau
de sucre. Déjà les automobiles ronflaient et nous nous
engagions dans les défilés. La température devenait é-
touffante; en avalant consciencieusement de la poussière, nous nous disions : « Oui, c'est à mourir, mais là-
haut quel article à faire! » Cette pensée nous remettait
le cœur en place. Il en avait besoin. Au bout de trois
heures, nous atteignîmes un col. Et là, brusquement,
comme pour nous punir d'avoir médit du soleil, une
bise aigre et pénétrante nous glaça. Il n'y avait rien
d'ailleurs à voir sur ce point. L'accès même de la hauteur qui dominait le col était interdit. Notre belle ardeur tombait peu à peu. Etait-ce la désillusion? Etait-ce
la bise qui nous refroidissait ainsi? Un de nous s'écria
soudain :

— Des canons. Voilà des canons!

En effet, sur la gauche, dans un pré, deux pièces
élevaient vers le ciel leur long cou brun. Nous courûmes vers eux, pleins d'espoir. Peut-être était-ce une a-
vant-garde. Hélas! ce n'était qu'un trompe-l'œil.

Un espoir nous restait cependant. En redescendant
d'un autre côté le col que nous avions eu tant de peine
à monter, nous tombions sur une route qui conduisait
tout près de la bataille, nous assura-t-on. Sans vouloir
enfreindre en rien les ordres de l'autorité militaire,
nous nous flattions d'atteindre par là, au prix d'une
nouvelle ascension, un sommet duquel il nous serait

peut-être permis de voir quelque chose. A la vérité, c'était 60 kilomètres encore. Malgré cela, il n'y eut qu'une voix pour crier : « Partons! » C'était une dernière chance à tenter. Si la fortune nous manquait, nous pourrions dire, comme l'autre, que nous n'avions pas manqué à la fortune!

Et nous redescendîmes la montagne, dans l'espoir tenace d'en gravir une autre, celle enfin d'où nous verrions la terre promise, je veux dire la bataille annoncée. Le soleil implacable nous criblait de ses dernières flèches. Elles nous parurent rétrospectivement moins cruelles que la déception qui nous attendait dans la plaine. Gardien vigilant du passage, un commandant nous révéla que, par ordre supérieur, il était interdit de pousser plus avant. Si même nous ne voulions pas coucher dans le village (très engageant d'ailleurs, par son air honnête et calme) qui s'allongeait sur la route, nous n'avions que le temps d'escalader une troisième montagne, plus haute et plus escarpée que les autres, pour redescendre de là sur Vicence.

C'était le dernier coup. Cahin-caha, soufflant et grinçant, les freins criant de douleur ou de colère, les automobiles reprirent la route indiquée. Nous allions par des routes creusées dans le roc, bordées de précipices et dont des morceaux n'étaient pas encore achevés. Dans certaines côtes, on descendait pour alléger la voiture. Quelques-uns, résignés, poussaient par derrière. Au coucher du soleil, nous nous trouvions encore à 1600 mètres d'altitude, entre des forts où les officiers, avec mille façons obligeantes, nous offraient des rafraîchissements, nous guidaient, nous indiquaient des raccourcis. Sans quoi, nous serions encore par là-haut. Une panne, à ces hauteurs, dans la nuit qui s'avançait, au milieu de brouillards roses, c'eût été le désastre! Qu'allait-il advenir de nous!...

Le dieu des reporters nous vint en aide. La guigne, les accidents, tout ce qu'avait mérité notre imprudence, il l'écarta de nous avec le même air qu'on nous avait écartés de la bataille. Et, partis à six heures du matin, nous rentrions à minuit et demi à Vicenza, à la fois noirs et blancs de poussière, mourant de fatigue et de faim, fourbus, courbaturés, démolis, la tête vide à ce point que quelques-uns d'entre nous faillirent, eux et leur automobile, se jeter dans la Brenta en croyant prendre un chemin de traverse. Et c'est bien, jusqu'à présent, le plus grand succès qu'aient remporté par ici les Autrichiens!

———————

VIII

UN DUEL A 3000 METRES

Pas de Fedaya,
(Massif de la Marmolada) 1.er juin 1915.

J'ai pu assister à un des épisodes les plus intéressants, les plus instructifs aussi de la guerre de montagne...

Avec deux de mes confrères, j'avais atteint, au bout de trois heures de marche dans le massif de la Marmolade, un campement d'infanterie et d'artillerie, à seize cents mètres d'altitude. Nous déjeunions avec les officiers, lorsqu'on vint dire quelques mots à l'oreille du colonel commandant le détachement. Il donna rapidement, à mi-voix, quelques ordres, puis, se retournant vers nous :

— Messieurs, fit-il, si vous ne craignez pas d'ajouter à votre fatigue de ce matin trois nouvelles heures de montée, sous le soleil, je crois qu'un spectacle curieux vous attendra sur nos hautes positions.

Il nous expliqua que les batteries autrichiennes situées sur une cime voisine avaient bombardé les tranchées que ses soldats étaient en train de creuser à trois cents mètres de l'ennemi, sous les mitrailleuses de celui-ci; qu'on le prévenait qu'il y avait deux blessés et

que, pour permettre aux brancardiers d'aller les chercher, il faisait ouvrir le feu sur les positions occupées
par l'adversaire. Celui-ci ne manquerait pas de riposter
et ainsi nous pourrions voir ce que les communiqués
appellent « un duel d'artillerie ».

— De plus, ajouta-t-il, on m'a signalé sur un point
l'existence d'une nouvelle batterie ennemie. Elle me
paraît exactement repérée. Nous allons essayer de la
démolir.

Vous devinez notre impatience. Dix minutes après,
nous commencions à gravir les rudes pentes de la montagne. C'était dur, surtout après un bon déjeuner; mais
un encouragement nous vint, presque tout de suite. U-
ne sourde détonation s'entendit au loin. Un sifflement
bizarre traversa l'espace et, dans un fracas de pierres
éboulées, un obus, passant sur nos têtes, frappa le rocher en face de nous.

— A la bonne heure! fit gaiement notre guide, le
charmant capitaine F..... Ils tirent sur nous. Ne craignez rien, d'ailleurs! Ces gens-là sont d'une maladresse!... Et puis, tenez, nous répondons...

En effet, un « pan! » formidable éclatait à nos
pieds, sur la droite. Le duel s'engageait. Si escarpé que
fût le sentier, tour à tour friable et caillouteux, nous
commencions à être pris par le spectacle. D'ailleurs,
cette grimpée sous les obus s'annonçait si originale! Des
deux côtés, les coups maintenant se succédaient comme
les réponses d'un dialogue tragique. Un « bôôme » ac-
compagnait le départ du projectile autrichien. Son
« bzz... bzz.... bzz... » déchirait l'air, et un « clac! »,
suivi d'un nuage de fumée, indiquait l'endroit frappé.
Le bruit des canons italiens était tout autre. D'abord
un coup sec, cassant, impressionnant au possible, suivi
d'un long grondement dans la montagne, renforcé, précipité, puis s'éteignant en menaçant encore. Un musicien l'eût défini à peu près ainsi : « Pan!... Roum,
roum, rorororoume; ro-ro-rome ». Nous étions encore
trop au-dessous du sommet pour juger de l'effet de
chacun des coups; mais à voir la figure de l'officier,

nous devinions qu'ils portaient exactement. Un instant, les batteries italiennes s'arrêtèrent :

— Ça y est! Notre but est atteint, déclara notre guide. C'est toujours la même chose : aussitôt que nous canonnons les positions d'où ils mitraillent nos tranchées avancées, les Autrichiens courent se cacher. Nous en profitons pour ramasser nos blessés et pousser notre avance. Ils peuvent nous envoyer des obus! Cela ne nous gêne pas.

Les batteries autrichiennes continuaient à tirer. A trois cents mètres, nous pouvions voir éclater les projectiles. Nous pouvions apprécier l'incertitude et le manque de justesse de ce tir qui, à droite, à gauche, éparpillait, comme au hasard, obus et shrapnells. Par instants, une fumée roussâtre s'élevait non loin de nous, sur leur passage, et nous pensions déjà que l'ennemi repérait une position. La chute des obus qui suivaient ne marquait cependant aucun dessein. Ils tombaient de-ci, de-là, à faux, sans qu'on pût deviner pourquoi. Ils battaient le rocher, qui n'en pouvait mais. C'était tout. Nous finissions par nous moquer, en écoutant le capitaine nous raconter d'amusantes histoires, celle-ci, entre autres :

Une compagnie du ... régiment, campé plus bas, s'élançait, l'autre jour, à l'assaut d'un ouvrage avancé, lorsque les hommes virent avec surprise sortir d'un abri une centaine d'ennemis. Ceux-ci brandissaient un bout de papier blanc sur lequel, par avance, ils avaient écrit ces simples mots : « *Faisons la paix* ». Pendant qu'on les désarmait, l'officier tremblant de peur criait à un lieutenant italien surpris de tant de sottise et de tant de lâcheté :

— Monsieur, Monsieur, ne me tuez pas. Je vous donnerai ma montre...

En écoutant ces récits et en riant de la maladresse de l'artillerie de François-Joseph, nous avions tourné un des flancs de la cime, et nous étions arrivés sur un agréable coteau où un baraquement était installé, tout à côté d'un petit monticule d'aspect inoffensif et recouvert du plus joli gazon du monde. Devant nous se dressait la dernière partie de la montagne, la plus ardue. A son sommet, nous pouvions distinguer d'autres lignes blanches de tranchées et de menues charpentes. A gauche, dans la splendeur de cette magnifique après-midi d'été, un immense glacier jetait sur le massif de la Marmolada l'éblouissement de ses neiges. Et tout au bas, un bout de lac tout bleu offrait aux yeux charmés la candeur de ses eaux calmes. Pris par la beauté du panorama et arrêtés aussi par la fatigue, nous ne bougions plus, oubliant le combat et les obus autrichiens. L'officier nous arracha à cette contemplation :

— Nous voilà au point vraiment dangereux de l'ascension. Voyez là-bas entre le glacier et nos positions, cette horizontale blanche. C'est l'observatoire de nos adversaires. Ils nous ont certainement aperçus. Marchons à vingt-cinq pas les uns des autres. Je vous en prie, c'est très sérieux!

Je suis comme tout le monde, j'ai peine à concevoir le danger que je ne vois pas de mes yeux. Mais ce n'était pas l'instant de philosopher. D'autant plus que, à ce même moment, un coup de canon éclata, juste au-dessous de nous, si violent, si brutal, si saisissant, que je sursautai. D'un même mouvement, nous nous retournions pour voir... C'était un peu plus bas, sur le plateau que nous venions de dépasser, le petit monticule, verdoyant et idyllique qui, par de mystérieuses ouvertures, ouvrait le feu sur la batterie repérée. Nous nous rappelâmes qu'on nous avait prévenus, au campement du colonel :

— Aussitôt que vous aurez franchi le point.... nous avait dit le commandant de l'artillerie de montagne, je fais canonner.

Il tenait parole. Nous courûmes à un petit observatoire établi au sommet du mont, et de là, dûment protégés par des revêtements de terre, nous assistâmes à l'impressionnant spectacle.

La batterie installée par les Autrichiens et découverte par nos alliés se dissimulait, à trois mille mètres de hauteur, dans les sinuosités d'une crête figurant une sorte de bicorne (d'où le nom de chapeau de Napoléon qu'on lui avait donné). Un premier obus lancé par les pièces de nos amis vint frapper à droite l'éminence; un autre à gauche. Un troisième projectile passa par-dessus; un quatrième heurta la base. Dès lors, le champ de tir se trouvait ainsi circonscrit; ce fut par-dessus nos têtes, sur le point repéré, l'acharnement mathématique et irrésistible de la batterie italienne.

Sous la violence du choc, les roches éventrées éclataient, volaient en l'air, parmi la fumée de l'explosion. Il semblait qu'un volcan s'ouvrit dans la montagne, et en projetât les entrailles. A chaque coup, le dessin de la crête se modifiait, peu à peu nivelé par l'action impitoyable des projectiles. Autour de nous, les soldats, les officiers jugeaient les coups et, par instants, disaient : « Bravo! »

Par derrière la colline, les Autrichiens, surpris, s'efforçaient de riposter, mais leur tir, déjà si médiocre, perdait encore en certitude et en efficacité. Et de notre observatoire, témoins palpitants de ce duel inégal, en voyant les obus ennemis frapper le roc, s'égarer sur le plateau, s'enterrer sur les pentes, se perdre dans l'immensité blanche du glacier ou éclater en l'air, nous songions, malgré nous, à ces pitoyables chasseurs qui, inévitablement, ratent le gibier, reviennent bredouille et sont la risée de leurs voisins.

Au contraire, le tir de l'adversaire se poursuivait avec une précision effrayante. Et, à une minute, sur la crête terriblement battue et totalement déformée, par-dessus une violente explosion de rocs, une flamme rouge apparut, grandit et s'élança, saluée de notre côté par des cris joyeux. C'était évidemment les munitions de la batterie ennemie qui venaient de sauter.

Alors les obus italiens obliquèrent un peu leur œuvre de destruction. Sur les tranchées autrichiennes qui conduisaient à l'ouvrage démantelé et déchiqueté, des shrapnells s'abattirent. Des nuages blancs apparaissaient au-dessus des lignes et ils y faisaient pleuvoir des grêles de balles. Au dixième coup, on put voir à la lunette, des points noirs s'agiter, passer en hâte et disparaître. Le canon autrichien continuait toujours sa lutte impuissante et gauche.

— Ça y est. Ils s'enfuient. La batterie et la tranchée sont détruites. *Evviva l'Italia!* criaient les soldats radieux.

Nous venions de voir se terminer un des plus intéressants duels des artilleries de montagne. En redescendant, nous apprîmes que le seul effet sérieux de la canonnade autrichienne avait été de blesser, d'un éclat de shrapnell, un homme, le cuisinier d'un des baraquements de la montagne. Il en va ainsi la plupart du temps. Depuis trois mois, plus de *vingt mille obus ont été lancés* sur ce point des positions italiennes, sans appréciables résultats pour leurs adversaires, sans pouvoir empêcher non plus nos amis de conquérir plusieurs cimes dans cette région et d'y installer d'inexpugnables tranchées d'où, à intervalles réguliers, ils culbutent l'ennemi.

Des batteries autrichiennes comme des mitrailleuses, les soldats italiens ne se soucient guère. Il faut même la sévérité des chefs pour les empêcher de s'exposer inutilement. Pour le punir de plusieurs fautes de ce genre, on avait renvoyé un fantassin, hier matin à l'arrière. De désespoir, il essaya de se tuer.

— Si l'on me juge indigne de me battre, disait-il, je n'ai plus qu'à mourir.

Et il se logea une balle dans la poitrine.

Tel est le moral des hommes que j'ai pu voir sur la première ligne de feu. Et à le constater, je me souvenais de ce mot plein d'admiration du colonel, qui, en déjeunant, me disait, une flamme d'orgueil aux yeux :

— Mes hommes, si vous saviez... Ce sont de fiers soldats!

IX

AU CŒUR DES DOLOMITES

Cortina d'Ampezzo, 3 septembre 1915.

Le programme de notre visite d'aujourd'hui au front italien comprenait une excursion à Cortina d'Ampezzo, sur la route des Dolomites et au lac de Misurina, par Longarone, la vallée du Piave et Pieve di Cadore.

Nulle région n'offre aux yeux une plus grande variété d'aspects curieux, riants ou sauvages. De Bellune jusqu'à la Carniole, c'est un enchevêtrement de cimes, de contreforts, de précipices, de torrents, de cascades, de routes hardiment suspendues à d'effrayantes hauteurs. Parfois à un tournant, derrière une chaîne inaccessible apparaît un vallon frais et plein de verdure; un petit village y est assis, aux minuscules maisons blanches, aux toits bruns. Lavées par les orages de la montagne, les maisons du petit village apparaissent, de loin, si nettes, si brillantes, si neuves qu'on les dirait sorties d'une boîte à jouets. Par-dessous, le Piave pousse ses eaux rapides chargées de bois flottants. En deux heures et demie, on arrive de Bellune à six kilomètres au delà de Borca, à l'ancienne frontière, ornée de poteaux bleus, blancs, verts, avec cette inscription : *Regno d'Italia*, et une flèche qui indique éloquemment que les armées de Victor-Emmanuel III ne se sont pas arrêtées là. Quarante minutes après, on est à Cortina d'Ampezzo, l'ancien Chamonix autrichien et un des plus jolis coins de l'Europe.

Un cirque de hautes montagnes, dont la plupart se parent de glaciers et de neiges éternelles; au pied, une grande prairie qui, tant que le lui permet le terrain, escalade les rochers; et, émergeant de cette étendue verte, une agglomération d'hôtels, de villas, d'habitations particulières, de fermes, moitié cité campagnarde, moitié ville d'eaux. Sur les pentes qui conduisent aux chaînes environnantes, au mont Cristallo, au Sorapis, à l'âpre Antelao, par groupes, des maisons s'étayent dans une harmonie fine, abritées du vent des glaciers par la ceinture de grands bois de pins qui court au flanc des sommets.

Sans nous attarder dans la contemplation de ces beautés naturelles, quelques confrères et moi grimpons dans une prairie qui domine le pays. De là, un officier nous fournit des explications stratégiques, autrement intéressantes que le paysage. Il nous montre comment, exécutant sur ce point le plan de l'état-major général, un gros de troupes déboucha, en face de nous, le 28 juillet, par le col des Trois-Croix, entre le Monte Cristallo et les escarpements du Sorapis et descendit dans le cirque verdoyant pendant qu'une autre brigade se présentait à cette extremité de la route de Pieve di Cadore. Les deux petites armées faisaient leur jonction, rejetaient les Autrichiens sur la route du mont Cardini et s'emparaient des hauteurs. L'encerclement de la vallée, entre les positions des monts Tofana, du grand et du petit Cristallo, du Sorapis et de l'Antelao ne laissaient plus à l'ennemi aucun espoir de reprendre le gracieux vallon.

Alors commençait, sur le front, comme sur tous ceux que nous avons visités, cette guerre étonnante, toute entière déroulée sur les montagnes, où le sommet se voit assailli par une tranchée sans cesse poussée plus avant, jusqu'au jour où la tranchée, aidée d'une puissante artillerie, enlève le sommet. A l'heure actuelle, la lutte paraît ici circonscrite entre le mont Cardini, sur les flancs duquel résiste le fort autrichien de San Pauses et les positions des trois monts Tofana et du Cristallo.

Toutefois, un facteur nouveau accroît ici les dangers de l'offensive italienne. Les Tyroliens, grands amateurs de beaux coups de fusil, étaient, en grand nombre, enrôlés dans des sociétés de tir. Aux termes de leurs statuts et moyennant certains avantages en cas de guerre, ils deviennent des sortes de francs-tireurs. Soit par groupes, soit isolés, ils organisent, aux côtés de l'armée autrichienne, une sorte de guérilla. Dispersés dans la montagne, insaisissables parce qu'ils opèrent le plus souvent seuls ou à deux, et que tous les sentiers, les replis, les cailloux des massifs leur sont familiers, ils opposent à l'avance des détachements italiens, une barrière perpétuellement mobile et pleine de dangers.

Deux de ces francs-tireurs tyroliens sont devenus fameux par l'audace de leurs exploits, et le nombre de leurs victimes. Les Alpins les ont baptisés ironiquement, l'un « Gigetti » (le petit Louis), l'autre « Cecchini » (le petit François). Gigetti s'est laissé surprendre et tuer. Quand ils ont pénétré dans son repaire, les soldats italiens sont demeurés stupéfaits. Dans la caverne qu'il avait choisie, des amas de cartouches brûlées, des caisses de munitions, un tas de boîtes de conserves, des croûtes de pain, de sordides couvertures roulées sur le roc attestaient que l'homme tout entier absorbé par son rêve sanguinaire ne faisait que tuer, sans cesse aux aguets, dans quelque défilé, le cerveau perpétuellement hanté d'images sanglantes, prenant à peine le temps de manger et de dormir quand la fatigue ou la faim rendait sa visée moins sûre, ne vivant que dans le meurtre et pour le meurtre, ne se déridant sans doute que lorsqu'il voyait tomber, sous sa balle infaillible, quelque nouvel ennemi. Il est mort en serrant contre lui son fusil dans un geste farouche.

L'autre chasseur d'hommes rôde incessamment entre les flancs des trois monts Tofana et le mont Cardini. Peut-être est-ce Cecchini qui, à la Forcella de la Tofana maggiore, a tué le valeureux général Cantore.

Celui-ci inspectait les positions de cette partie de ses troupes. Malgré les supplications des officiers qui l'accompagnaient, il s'était avancé sous le feu direct de l'ennemi. Par deux fois son képi aperçu au-dessus d'un rocher avait été salué de coups de fusil. Comme le général avançait la tête, par-devant un rocher, pour apercevoir un point occupé par un détachement autrichien, une balle le frappa entre les deux sourcils. L'armée italienne perdait un de ses chefs le plus braves et les plus justement réputés.

Au jour et au point où nous en sommes arrivés de cette visite sur les divers fronts italiens, la conception maîtresse de l'état-major général nous apparaît voisine du succès. S'inspirant des préceptes napoléoniens : « L'attaque est la plus efficace des défenses; elle est le gage de la victoire », l'Italie a porté sur tous les points stratégiques de son ancienne frontière, l'offensive hardie qu'une équitable fortune couronne chaque jour.

Qu'on y songe. La route du Stelvio, les vallées de l'Adda et de l'Adige, la route des Dolomites offraient aux Autrichiens, comme des moyens infaillibles d'envahir l'Italie. Par ces voies, ils pouvaient descendre jusqu'à Milan, Brescia, Vérone, s'emparer des lignes des chemins de fer qui desservent le nord du royaume, couper la ligne Milan-Bologne et Rimini, isoler la Vénétie, jeter à travers toute l'Italie la perturbation des grandes catastrophes, semer la terreur et imposer la paix.

Ces projets ont été prévenus et déjoués avec une rapidité déconcertante. La route du Stelvio a été mise à l'abri d'un coup de main et l'ennemi forcé de se blottir dans les solitudes glacées de l'Ortler et du Tonale. Dans le Trentin, Ala a été conquise, en un jour; Rovereto est sous le feu de nos alliés et, *quand ils voudront pousser sérieusement leur offensive sur ce point*, Trente sera pris en quelques jours. Les Autrichiens ont dû renoncer à dominer la route des Dolomites comme, à droite du Monte Cristallo, la petite voie de Misurina qu'ils convoitaient un instant. Partout l'ancienne frontière a été reculée sur une longueur qui varie de dix à trente kilomètres.

Dans un mois et demi, du Stelvio à la Carniole, les opérations devront être suspendues à cause des neiges; la lutte se poursuivra seulement sur l'Isonzo. Sur tout le reste du front l'hiver seul aura momentanément arrêté l'avance des Italiens. Ceux-ci auront constamment dominé et fait reculer leurs adversaires. Il les ont déjà mis dans l'impossibilité de regagner leurs positions perdues. Ils auront occupé Gorizia et menaceront Trieste, délimitant ainsi le terrain sur lequel ils entendent pousser leur campagne d'hiver et en préparant le succès de celle-ci par les voies les plus sûres.

———

X

LE CHAMP DE FRAISES

—

Val Sugana, 4 septembre 1915.

D'une tranchée qui escalade la montagne, un officier me montre, sur la gauche, une sorte de côteau qui rejoint la chaîne comme une terrasse accrochée aux flancs d'une maison :

— Vous voyez ce côteau, où les dernières pluies ont fait pousser un gazon dru et verdoyant? Il était, l'autre semaine encore, rempli de fraises de montagnes. Vous savez, ces petites fraises qu'on trouve dans les hauteurs, en août, si odorantes et d'un gout si exquis! Elles ont contribué, ces fraises, à nous faire conquérir la croupe.

Et, en riant, il me conte cette amusante histoire, dont il précise du geste les détails topographiques :

— Il y a quinze jours encore, les Autrichiens tenaient tout ce sommet. De là, leurs batteries faisaient pleuvoir sur nous autant de mitraille qu'elles le voulaient, lorsqu'il s'agissait d'arrêter notre avance. Car ici comme ailleurs, ainsi que vous pouvez le constater, nous avons d'abord à conquérir les cimes, chaque fois que nous décidons d'avancer.

Nous avancions cependant, au prix de nombreuses pertes, au prix de sacrifices dont quelques-uns nous mettaient les armes aux yeux. Mais en arrière du côteau et sur les hauteurs avoisinnantes, l'ennemi était si fortement retranché, si bien pourvu de munitions, qu'il était en mesure de briser net notre élan aussitôt que nous bougions. Les reconnaissances mêmes que nous tentions de ce côté étaient infiniment dangereuses et nous avaient coûté plusieurs braves garçons.

Un matin, vers onze heures, l'ordre était venu d'enlever la position et, en colonnes, le bataillon d'alpins se portait à l'assaut. La lutte était dure; les canons, les mitrailleuses ennemies faisaient un beau tapage. Nos hommes ripostaient de leur mieux, en progressant méthodiquement à droite et à gauche. Au centre, par-dessous le plateau, l'avance était moins sensible. Il partait de là-haut de telles volées de projectiles que, si grand que fût le courage des nôtres, leur marche par bonds était rendue infiniment lente et dure. Les plus intrépides commençaient à se demander s'il ne vaudrait pas mieux attendre quelque occasion nettement favorable. A ce moment-là, mon camarade X..., un jeune lieutenant, se dressant au milieu de ses hommes, se met à leur dire :

— Vous savez, mes enfants, qu'il nous faut à tout prix déloger les Autrichiens de là-haut. Sur le plateau se trouve un magnifique champ de fraises. Je l'ai découvert, l'autre nuit, pendant une reconnaissance. Quand j'ai pu y goûter, elles commençaient à mûrir. Elles doivent être tout à fait à point maintenant. On y va?...

Plusieurs hommes répondent d'une même voix :

— Monsieur le lieutenant, si vous désirez des fraises, nous irons vous en chercher.

— Je n'en veux pas seulement pour moi, mais pour tout le détachement, dit le lieutenant. Voyons, nous n'allons pas les laisser manger à ces gens-là? Nous avons déjeuné tout à l'heure; qui veut cueillir son dessert avec moi?

— Tous! Tous! crient les hommes. Nous allons avec vous, monsieur le lieutenant.

Et la compagnie, l'officier en tête, s'élance vers le

plateau. Les Autrichiens s'imaginaient déjà que nos hommes fléchissaient. Surpris, ils font pleuvoir sur eux un déluge de projectiles; mais rien n'arrête ces braves. Ils veulent manger leur dessert avec leur lieutenant, et ils le mangeront. Sous la mitraille, ils bondissent, ils escaladent les rocs et l'escarpement et tombent en a-valanche sur le plateau. De plus en plus ahuri, l'enne-mi tente une charge désespérée pour les repousser et les culbuter dans le vide. Trop tard. Sur la gauche, le champ de fraises apparaît parfumé, appétissant, irrési-stible.

— Voilà les fraises! crie le lieutenant. On se réga-lera tout à l'heure!

D'un dernier effort, les alpins achèvent de mettre en déroute les gardiens du plateau. Une panique s'em-pare de ceux-ci et les jette, en troupeau affolé, dans la direction du fort qui les abrite ordinairement ou dans les replis de la montagne.

Le coup d'audace a réussi. Non seulement les al-pins sont les maîtres de la position; mais, à quelques pas, sous des rochers, ils découvrent un amas considérable de munitions. Et comme la fortune sourit aux audacieux, pas un des assaillants n'a été tué. Seul un soldat a été blessé.

— Merci, mes amis, fait le lieutenant. Maintenant, vous pouvez manger des fraises autant qu'il vous plai-ra. Vous avez bien gagné votre dessert!

Entre des rires et des exclamations de joie, les hommes s'installent sur le terrain conquis et goûtent aux petites fraises. Jamais elles ne leur ont paru aussi fraîches, aussi savoureuses. Pendant qu'ils s'en don-nent à cœur joie arrive un billet du colonel. Le chef félicite le lieutenant et ses hommes et les avise qu'a-près s'être reposés tout l'après-midi sur leur position, ils auront à se replier momentanément, sur le soir, pour faciliter un mouvement stratégique qui assurera la con-quête de toute la montagne. A la chute du jour, donc, la compagnie exécute l'ordre, après avoir garni de touf-fes de fruits parfumés les canons de tous les fusils. Mais, avant de redescendre, le fourrier a fait signe à un caporal, virtuose de la calligraphie. Celui-ci trace sur un bout d'écriteau ce facétieux avertissement : «*La ... compagnie du ... alpins reviendra, demain, déjeuner ici. Les Autrichiens sont priés de ne pas toucher, d'ici là, aux fraises, s'ils ne veulent pas payer cher l' addition!* » Et, en chantant ses plus joyeux refrains, la compagnie redescend la montagne et regagne ses tranchées.

— L'histoire a-t-elle une fin? demandai-je à l'officier.

— Oui, celle qu'elle doit avoir. Epouvantés de ce coup d'audace des alpins, et comme s'ils avaient reculé devant la défense de l'écriteau, les Autrichiens ne se hasardèrent jamais plus à redescendre sur le plateau. La compagnie s'établit donc là-haut à demeure. Derrière le plateau commençait une autre pente, remplie elle aussi de fraises et de myrtilles. Aussi, pendant huit jours, la compagnie put elle envoyer, chaque matin, un panier de fruits sauvages au reste du bataillon. Si vous nous aviez fait le plaisir de déjeuner avec nous la semaine dernière, vous auriez pu en goûter. Je vous assure que je n'en ai jamais mangé de meilleures dans les plus grands restaurants de vos boulevards.

XI

LE PASSAGE DU PETIT PRINCE

—

Vena d'Oro, 15 septembre, 1915

Dans l'hôtel où nous clouait le mauvais temps, nous avions vu, la veille, arriver un général affairé minutieux, qui avait parcouru les trois bâtiments, regardant, interrogeant, approuvant de la tête. Le lendemain matin, sous des torrents de pluie, le préfet de la province était venu à son tour. Il s'était enfermé mystérieusement avec le directeur de l'hôtel, après avoir inspecté, de ses yeux aigus, un pavillon isolé qui donne sur une prairie à deux pas d'un joli bois. Et presque aussitôt des policiers s'installaient pleins de courtoisie, d'ailleurs, à notre égard, déférents presque, ne songeant ni à gêner ni à faire partir les journalistes intrigués.

A la fois flatté et un peu surpris (car la saison de la Vena d'Oro étant finie, l'hôtel s'apprêtait à fermer ses portes), le propriétaire nous confiait que le fils du roi Victor-Emmanuel, le petit prince de Piémont, le principino, comme on dit familièrement ici, honorerait, dans la journée, l'établissement de sa présence. S'agissait-il d'un séjour prolongé? L'enfant royal ne ferait-il que passer? Peut-être le roi avait-il choisi X... comme un coin assez isolé d'où son fils pourrait se rendre à intervalles sur le front tout proche.

Dans l'hôtel, l'agitation causée par la nouvelle ne cessait pas. On préparait un pavillon, on y portait des meubles, du linge fin, de l'argenterie, des fleurs. Dès midi, les cinq fils du propriétaire répétaient un cérémonial de l'arrivée. Par rang de taille, alignés dans la cour et roidis dans leurs costumes neufs, ils s'exerçaient à saluer ensemble, comme les soldats, sur un signal, pendant que leur sœur, une mignonne fillette de cinq ans, déjà parée d'une robe blanche à dentelles, traversée d'une large ceinture bleue, apprenait, sous les yeux attentifs de sa mère et de sa grand'mère, à présenter un bouquet, dans une révérence.

Très ingénieusement composé le bouquet, de fleurs blanches, rouges et vertes, les couleurs italiennes. Mais il fallut changer trois fois les fleurs vite fanées, car, annoncé pour midi, le petit prince n'arriva qu'au déclin du jour.

Vers six heures, alors que nous pensions que son voyage était renvoyé au lendemain, le crissement particulier aux voitures rapides se fit entendre sur la route, au détour du chemin. Une automobile découverte se détacha, toute grise, dans les dernières flambées du soleil et accourut. On y voyait cinq personnes et, entre deux officiers, une silhouette de petit garçon, coiffé d'un béret, revêtu d'une pelisse et les yeux couverts de grosses lunettes de voyage.

Déjà des serviteurs, deux ou trois curieux s'inclinaient. D'un geste militaire, le prince de Piémont porta la main à son béret, sauta par terre et, suivi de ses officiers, s'avança d'un pas rapide vers le pavillon. A l'entrée, sur une ligne, figés dans l'attitude étudiée, saluant tels de vieux troupiers, se dressaient les cinq petits garçons du propriétaire. Devant eux, sa gerbe à la main, la petite fille blanc et bleu attendait, muette et toute pâle. En voyant arriver l'enfant royal, elle fit un pas en avant, rougit, pinça les lèvres, fit la moue et sentant tout d'un coup qu'elle ne pourrait prononcer un seul mot du compliment préparé, elle baissa les yeux, devint pourpre et tendit le bouquet en détour-

nant la tête, comme furieuse ou prête à éclater en sanglots.

A cette vue, le petit prince qui d'abord souriait,
rougit à son tour, prit le bouquet, dit : « merci » et pénétra, sans s'arrêter, dans le pavillon.

Quelques instants après, rafraîchi, reposé, il redescendait dans l'avenue avec son gouverneur, le capitaine de frégate Bonaldi, et un autre officier. Il se promenait, visitait l'hôtel et ses dépendances, l'établissement hydrothérapique.

Il a fait, l'an dernier, à bord du cuirassé *Puglia*,
une sorte de croisière. Les matelots lui offrirent alors,
en souvenir, un de ces rubans que les enfants portent
au devant du béret. On y avait imprimé en or : *R. M.
Puglia*. Ce ruban se détachait sur sa coiffure. Le prince
de Piémont était d'ailleurs vêtu en marin. Par dessus
la veste à col blanc bordé d'azur, il portait la capote
bleue. Bien pris dans son costume, souple et très droit,
avec un visage à la fois éveillé et sérieux, de grands
yeux noirs profonds, il avait vraiment grand air. Quand
il nous aperçut, il nous rendit notre salut en se découvrant et continua sa promenade, regardant et question-
nant. Sans doute on lui avait dit que nous étions des
journalistes français et cela intriguait sa jeune curiosité; car, par instant, tout en causant avec ses deux compagnons, il se retournait et penchait vers nous sa jolie
tête intelligente.

Les officiers de sa maison nous expliquaient, le soir,
en dînant, que le jeune prince atteignait le lendemain,
13 septembre, ses onze ans; et que, à cette occasion, le
Roi, sans cesse en inspection et au feu, d'un bout à l'autre du front, l'appelait auprès de lui pour fêter cet anniversaire et lui permettre de voir d'un peu près les o-
pérations militaires. Digne héritier d'une lignée de vaillants, le principino se passionne en effet pour cette
guerre où son père se prodigue. Il rêve de batailles, se
fait expliquer les péripéties des combats, veut connaître le nom des principaux blessés et, comme l'autre jour
au général de Rossi, il leur écrit pour les féliciter d'a-
voir souffert pour la Patrie, les remercier, les encoura-

ger. Comme cadeau d'anniversaire, il n'a rien vu au-dessus de la joie de vivre quelques jours auprès du roi, parmi les soldats.

Le prince héritier parle déjà quatre langues; il manifeste un goût très vif pour les sciences. Dans la flotte, on se réjouit à l'idée qu'il sera un marin de vocation. Il paraît devoir être avant tout (si rien ne vient arrêter l'essor de cette petite âme) un homme dans le sens noble du mot. De là à être un vrai roi, un conducteur de peuples, il y a la distance de la volonté à l'action.

Le petit prince est matinal. Malgré le froid vif de ces premières matinées de septembre, humides et traversées de bises, il repartait, le lendemain, avant huit heures du matin, pour le front, cette fois. Il nous fut donné de le revoir au moment où il montait en automobile. D'un pas sûr et léger, il y monta. Il nous regarda de ses grands yeux noirs, la mine grave, songeur peut-être en voyant des inconnus, dont quelques-uns tout gris, se découvrir devant sa jeunesse. Puis il eut le même sourire que la veille, plein de grâce tendre devant la petite fille interdite.

Au premier coude du chemin, nous le revîmes penché sur une carte, attentif aux paroles d'un officier. Déjà, par la pensée, il était sur le front. Et c'était un spectacle presque touchant que celui de cet enfant royal soulevé au-dessus de son âge par l'ardeur de sa petite âme et qui, plein de confiance dans la vie, avide de voir et de comprendre, semblait s'élancer vers la bataille, vers la victoire, vers ses destinées!

XII

LA FÉCONDE DÉFENSIVE

—

Timau, 16 septembre, 1915.

De toutes les régions où l'Autriche est aux prises avec l'Italie, la Carnie est peut-être celle où apparaissent le plus nettement la ferme volonté de notre alliée et le plan de son état-major général.

Qu'est-ce que la Carnie? C'est, limité à l'ouest par le Cadore, à l'est et au nord par l'empire de François-Joseph, le pays qu'enserrent le Piave, la Fella, le Tagliamento et, par-dessus, l'arc de cercle qui termine les Alpes italiennes. Cette chaîne, des vallons verdoyants de Cortina d'Ampezzo à Pontebba, se trouve aujourd'hui le pivot des opérations militaires de l'Italie.

Alors que, dès les premiers jours de la guerre, par une série de combats ou de coups de main, nos alliés s'emparaient du Tonale, dans la région du Stelvio et, dans les pointes extrêmes de l'Adamello, de toutes les positions qui commandent le Val Camonica et le Val Giudicaria, routes naturelles de l'invasion; alors qu'ils s'avançaient dans le Trentin, prenaient Ala et s'établissaient, d'une part en face de Rovereto, sur les hauteurs du Coni Zugna et du Ponzacchio, d'autre part dans le Val Sugana, au-dessus de Borgo; alors qu'ils occupaient tous les cols de la frontière du Cadore et que, par delà le Frioul, leur victorieuse poussée rejetait les Autrichiens de l'autre côté de l'Isonzo jusqu'à Gorizia, dans la Carnie ils restaient sur la défensive.

Pourquoi? Parce que notre sœur latine, comme l'ont déclaré à plusieurs reprises ses gouvernants, M. Salandra en tête, *ne fait pas une guerre de conquête, mais une guerre de libération.* Elle veut reprendre le Trentin et les provinces de Trieste parce que ces pays lui appartiennent. En Carnie, elle estime qu'elle a atteint ses frontières naturelles. Elle ne pousse donc pas en avant l'effort de ses armes, respectant au nord, chez son ennemie, le principe même dont elle poursuit la réalisation à l'est et à l'ouest carniques. Elle ne convoite rien de cette partie du Tyrol que bordent ici les Alpes. Donc, aucune offensive dans cette direction; elle se borne là à la défensive, — une vigoureuse et féconde défensive.

Dès les premiers jours, l'Autriche, au contraire, a tenté et tente encore à chaque instant de forcer l'imposante barrière rocheuse. Depuis longtemps elle avait constitué, dans la vallée du Gail, un vaste camp retranché, plein d'hommes et de munitions. Elle occupait les principaux sommets. Dès le 23 mai, à sept heures du soir, son artillerie ouvrait le feu contre les positions italiennes. Une vigoureuse attaque de ses troupes s'efforçait de prendre position sur le col du Monte Croce carnique (il y a quatre Monte Croce, dans les Alpes italiennes, du Stelvio à Pontebba), pour descendre dans la vallée de San Pietro, marcher de là sur Bellune et couper l'armée de l'Isonzo de ses communications.

La tentative échouait. Elle n'a pas eu plus de succès depuis. C'est vainement que deux corps d'armée autrichiens se heurtent à cette double muraille de montagnes et de poitrines italiennes. Rachetant, par des prodiges d'énergie, le désavantage de leurs positions, nos amis ont sans cesse repoussé les ennemis avec tant d'ardeur que, chaque fois, ils ont conquis par surcroît les cimes concédées à l'Autriche par les néfastes accords de 1866. Et ce sont eux, maintenant, qui tiennent leurs adversaires sous leur feu.

C'est en Carnie qu'ont été tirés les premiers coups de canon et les premiers coups de fusil. Dans la nuit du 23 au 24 mai, un jeune sous-lieutenant d'alpins, envoyé avec un détachement, pour renforcer les avant-gardes campées au-dessous du col du Val d'Enfer, en vue d'une offensive éventuelle de l'ennemi, conçut, dans l'exaltation de son patriotisme, le projet téméraire et héroïque d'enlever le col à la baïonnette. L'officier fut grièvement blessé dans l'assaut; mais l'ennemi, surpris par la soudaineté de cette attaque, abandonna précipitamment la première de ses tranchées, repassa le col et se retira, à l'abri des rochers, sur une deuxième ligne de défense. La guerre commençait par cette victoire.

Le premier coup de fusil avait été tiré quelques heures auparavant, un peu plus à l'est, au col du Monte Croce. Et l'histoire, telle qu'elle m'a été contée par un officier, a de la couleur!

Dans l'après-midi du 23 mai, sur la frontière du Monte Croce, un alpin et un gendarme autrichien, un *alpenjager*, tous deux de garde là-haut et vieux camarades, échangeaient, comme chaque jour, quelques paroles banales. A un moment, l'Italien se leva, regarda sa montre et dit à l'autre :

— Il est trois heures; je m'en vais. C'est l'ordre. Nous ne nous reverrons plus.

Il tendit la main à l'Autrichien et ajouta :

— Demain, c'est la guerre!

Les deux hommes se séparèrent. Comme l'alpin redescendait, il s'entendit appeler. C'était l'autre qui le hélait.

— Que veux-tu? demanda l'Italien.

— Avant de nous quitter, je tiens à te dire, cria l'autre en ricanant, que l'Italie et tous les Italiens, c'est...

Et il continua en proférant d'abominables injures. Indigné, l'alpin saisit son fusil. L'autre ne s'arrêtait point. L'alpin tira et si vite et si droit que le malotru, frappé à mort, tomba, et, dégringolant sur la pente, vint rouler à ses pieds. L'Italien regarda l'Autrichien, cueillit une poignée de fleurs sur les rochers et les jetant sur le cadavre :

— Nous ne devions nous battre que demain, fit-il. Tu ne l'as pas voulu. Mon vieux camarade, nous ne nous reverrons plus!

Et il redescendit au campement. Quelques heures plus tard, il remontait au col avec sa compagnie. La guerre commençait.

Le 30 mai, après cinq jours d'une violente canonnade, les Autrichiens, profitant d'une tempête de neige, tentaient de déboucher par le pas du Monte Croce. Cinq de leurs attaques étaient successivement repoussées et ils se voyaient à leur tour chassés de leurs positions. Le mont Freikofel, à pic, cependant, et réputé jusque-là inaccessible, était escaladé pendant une nuit et définitivement conquis au terme d'une terrible bataille qui dura trois jours. Les tranchées du Freikofel, on les prenait d'assaut l'une après l'autre. Les alpins s'avançaient au pied du Pal Grande et du Pal Piccolo, battus sans relâche pourtant par les batteries autrichiennes installées à Polenik et à Koderhote, auxquelles répondaient les canons italiens placés sur les montagnes de Timan.

Tour à tour, les principaux sommets de l'Alpe Carnique tombaient aux mains de nos alliés. Dans de hardis coups de main, ils enlevaient le pas de Volaya et le pas de Valentina.

Du 10 au 30 juin, la lutte devint particulièrement âpre. Les Autrichiens ne cessaient d'attaquer sur toute l'étendue de ce front. A la faveur de continuelles bourrasques de neige, ils essayaient, sur chaque point, de forcer les passages, de pénétrer dans les vallées, de surprendre la vigilance des Italiens. Renforcés de bersaglieri et d'infanterie, les alpins repoussaient toutes les attaques, sans aller de l'avant. L'ordre était formel : « Restez sur la défensive. » Les soldats bouillaient d'impatience.

« Ce fut une libération », me disait l'un d'eux, quand, le 30 juin, un nouvel ordre arriva : celui d'enlever les cimes du Pal Piccolo et du Pal Grande. Quelques heures après, la première tranchée ennemie était prise et la victorieuse avance continuait, jusqu'à la conquête des deux sommets. Une dizaine de jours plus tard, d'énormes masses d'Autrichiens prononçaient une offensive générale du Monte Paralba au col de Pramosis. L'ennemi cherchait à chasser les Italiens du Freikofel, à les déloger du pas du Monte Croce, à surpendre leurs batteries sur Pizzo Avestanis, à reconquérir le mont Coglians, ainsi que le pas de Sestis. Comme précédemment, l'offensive se termina par un nouveau progrès de nos amis, qui s'établirent en maîtres dans les tranchées supérieures de ce Pal Piccolo qu'on voulait leur arracher... La lutte pour la possession des cimes voisines, nœud de la chaîne carnique, dure encore. D'après ce que nous venons de dire, on peut en prévoir les résultats.

A l'est de la région, du côté de Dogna, s'accomplissaient des exploits d'un autre genre. En un mois, les Italiens construisaient, sous le feu de l'ennemi, dans les derniers contreforts des Alpes, une route extraordinaire, transportaient par ce moyen des pièces de vingt tonnes et achevaient de détruire les forts et les défenses de Malborghetto. Les rigueurs de la censure m'empêchent de dire tout ce que je voudrais sur ce point. Qu'il me suffise de vous apprendre que le général Cadorna a tenu à montrer, l'autre semaine, au général Joffre (au cours de cette visite tenue si secrète, en Italie, qu'aucun correspondant de guerre ne l'a connue avant le retour en France du généralissime), la surprenante route qui va de Dogna à la frontière et qui semble jetée au flanc d'effrayants précipices, comme un défi à la nature et à l'ennemi. Notre généralissime a vu également les importants ouvrages dont la route a permis l'établissement. Il a exprimé hautement son admiration devant tant de science et tant de valeur. Comme le chef des armées françaises, le général Cadorna a la réputation d'être un silencieux. Sans vaines paroles, il s'est contenté de faire apprécier au général Joffre ce qu'avaient réalisé, ce que réalisent chaque jour ses soldats. Et ces deux taciturnes se sont compris.

XIII

UNE JOURNÉE SOUS LES OBUS

—

Pal Grande (Carnie), 18 septembre 1915

Elle a commencé de bon matin. Lorsque vers six heures et demie, nous arrivions dans la fraîcheur du jour naissant, à Tolmezzo, le canon tonnait du côté de Timan. Et un officier à moustaches grises disait, en hochant la tête : « Ceux qui veulent entendre le canon vont être servis ».

Son instinct de soldat ne le trompait pas. A l'aube, vers cinq heures, les premières détonations avaient été entendues : jusqu'au soir, les batteries autrichiennes du haut Degano jusqu'à la tête du Chiaso ne cessèrent de battre la crête des Alpes Carniques. Or, il se trouvait que le but de notre visite, ce jour-là, était précisément les fameuses positions du Pal Grande et du Pal Piccolo, nœud actuel de la défense, en Carnie. Chacun de nos pas se trouva, si j'ose dire, ponctué de coups de canon.

Des mulets nous attendaient à Timan. Au bout d'une heure de chevauchée dans les forêts, accrochées aux flancs de la montagne, deux d'entre nous, cavaliers assez expérimentés pour contempler autre chose que la tête de leur monture, regardaient le ciel. Ils s'écrièrent brusquement.

— Un avion autrichien!

A ce cri, les cavaliers les plus médiocres perdirent un instant le souci de leur équilibre et osèrent lever les yeux. Dans cet azur particulier aux cieux italiens et presque perpendiculairement à nous, un grand oiseau planait, d'un blanc de neige sous le soleil. Allait-il lancer sur nous des bombes? Justement nous nous trouvions dans une éclaircie des sapins.

— Dans la forêt, messieurs; dans la forêt! crièrent nos guides. Et à 50 mètres les uns des autres!

Nous obliquâmes un peu à droite. Sur le conseil des officiers, nous pressions l'allure de nos mulets, en nous riant de la présomption de cet aéroplane, qui s'imaginait faire peur à une caravane de journalistes. Mais brusquement, sur notre gauche, avec un fracas épouvantable, une batterie commença à tonner. Par dessus notre tête, un obus, puis deux, puis trois, passèrent, fauchant des sapins, balayant les rocs, projetant sur notre petite troupe une grêle de cailloux. Deux de nous pensèrent être assommés. Inquiets, non pour eux, mais pour leurs hôtes, les officiers nous prièrent de hâter encore notre marche. Les obus ne cessaient plus de siffler et d'éclater.

— L'aéroplane a signalé le passage de la caravane, nous dit-on. La route muletière va être balayée d'ici à quelques instants. Vous allez voir.

Fallait-il interrompre pour cela notre route? L'eussions nous voulu d'ailleurs, que la chose était impossible. Nous déclarâmes donc que ce serait faire trop d'honneur à l'Autrichien. D'ailleurs nous approchions du but de notre voyage et entre nous et le tir ennemi un énorme mamelon rocailleux, de toute sa masse, plaçait un écran protecteur. Mais on avait dit vrai; l'avion nous avait signalés et, pendant que de Kodeshohe la grosse artillerie ennemie poursuivait son bombardement, les 77 de Polenick criblaient de projectiles le chemin où nous venions de passer. D'où nous étions maintenant, je veux dire au campement des alpins, le spectacle présentait un puissant intérêt. Devant nous, à deux cents mètres, les obus passaient en rafales, brisant et projetant des troncs d'arbres, de jeunes frênes, des tiges de sapin, piquant les flancs de la montagne de nuages blancs d'où volaient des éclats de roche. Le sifflement de ces obus mêlé au fracas de l'explosion et à la plainte ininterrompue, profonde, des échos roulant dans la montagne, ressemblait à un chant de fifre sur un accompagnement de basse. Tour à tour le cirque de montagnes où nous nous trouvions enfermés semblait railler, gémir et gronder.

Sur les flancs du rocher étaient installés les baraquements d'un bataillon. Le colonel du régiment nous en fit les honneurs. Il nous montra de loin le Freikofel. La conquête de cette montagne abrupte et sauvage restera un des plus beaux exploits de la guerre. L'officier qui s'en est emparé, le capitaine P..., se trouvait là. Le colonel nous présenta à lui, en nous apprenant que pour ce haut fait il venait d'être promu commandant par le roi. Le nouveau commandant est un beau soldat, à la mine joyeuse et décidée.

— C'était une chose toute simple à faire, répondait-il en riant à nos félicitations, quand on a des alpins comme les nôtres. Ce coup de main devait être précédé d'une reconnaissance périlleuse. Je demandai six hommes de bonne volonté. Deux cents se présentèrent. Ils se disputaient à qui serait choisi. Pour ne pas faire de jaloux, je les ai tous emmenés. Comme tous voulaient être les premiers, ça a marché tout seul.

Cette spirituelle façon de résumer une page d'épopée parut d'autant plus piquante, dans sa modestie, que nous avions appris les circonstances de la prise du Freikofel, l'intrépidité héroïque de l'officier et les péripéties de cette bataille de soixante heures sur des à pic... La lutte fut acharnée de part et d'autre; mais, à la fin, rien ne tint plus devant les charges à la baïonnette, au cri de : « *Avanti Savoia!* » des alpins, qui sentaient frémir en eux la victoire! Du bataillon ennemi retranché sur la cime (il convient de noter ici que les unités autrichiennes sont parfois le double et le triple des mêmes groupements italiens) pas un homme ne réussit à s'échapper : 700 cadavres gisaient sur les rochers; tout le reste, officiers et soldats, fut fait prisonnier.

Nous nous rappelions ces luttes ardentes, en déjeunant sur les pentes du Pal Grande, au son du canon. D'une planche en bois clouée sur un tronc d'arbre, deux alpins nous avaient fabriqué une table et, avec un confrère, nous partagions l'ordinaire des soldats : une soupe de haricots, un morceau de viande et du fromage. Le bombardement ne s'arrêtait pas. Les batteries autrichiennes tiraient à qui mieux mieux et plus familiarisés avec les sifflements qui déchiraient l'air par-dessus nous, nous notions les incidents de la canonnade sans perdre un coup de dent! C'était dans toute la vallée, un roulement ininterrompu de tonnerres, traversés de claquements formidables.

Sans cesser de s'occuper de nous, le colonel donnait des ordres, recevait des bouts de billets apportés par des hommes hors d'haleine. Une sonnerie de téléphone retentit.

— Messieurs, nous dit un officier, la mine épanouie, on m'apprend que l'aéroplane qui nous a fait bombarder tout à l'heure vient d'être abattu.

D'un même mouvement, nous nous levâmes tous, en criant: « Bravo! Vive l'Italie! A bas l'Autriche! » Un confrère, encore plein de rancune, ajouta : « C'est bien fait pour toi, sale mouchard! » Et l'on rit en chœur. A nos pieds, décimant la forêt, le obus s'abattaient toujours. De trois points différents, on tirait maintenant.

C'était à devenir sourd et à acquérir pour jamais le mépris de ces projectiles qui faisaient tant de bruit et heureusement si peu de besogne.

Hélas! ils en faisaient trop encore. Un peu plus haut que nous, sur la première ligne, des soldats tombaient. Sur des civières, trois blessés descendaient du Pal Piccolo. Et la canonnade redoublait. Pour atteindre aux tranchées les plus voisines de l'ennemi, nous dûmes nous glisser derrière des rochers et avancer en nous dissimulant sous les derniers sapins qui escaladent la montagne. Nous marchions sans bruit, dans les arbres, un à un, à des distances sans cesse vérifiées par les officiers. Arrivés dans une tranchée, nous pûmes voir que les brutalités de l'artillerie ennemie ne touchaient en rien le moral des hommes. Des alpins bavardaient tranquillement. Ils riaient à notre passage et nous demandaient des nouvelles de France. L'un d'eux, couché dans un coin, dormait; un autre fredonnait l'air célèbre :

> *Sur les rochers du Trentin*
> *Nous planterons le drapeau tricolore!*

Au campement du...., que nous visitions quelques instants plus tard, même paisible mépris de la mort. Dans leurs tentes, des hommes vaquaient à leur toilette. Trois jouaient aux cartes; d'autres ouvraient des paris sur l'effet des projectiles qui battaient sans arrêt la crête du Freikofel. Ils oubliaient qu'un instant auparavant des obus étaient tombés dans le campement même, au milieu d'eux. Et ils avaient à peine un regard pour d'autres qui, depuis quelques minutes, éclataient directement au-dessus de nous, au milieu de fumées blanches et roses.

— Voilà qui annonce certainement une attaque violente pour ce soir, dit un officier. Ils préparent une offensive.

— Eh bien, nous les recevrons, fit le commandant du bataillon.

Et il frisait sa moustache en souriant, avec une pointe charmante de dédain...

Un peu plus bas était installée l'ambulance. J'y pénétrai. Un médecin-major, son costume de toile blanche maculée de taches rouges, donnait des ordres aux brancardiers, se prodiguait, réconfortait les blessés étendus sur des civières et jetait, par intervalles, un regard attendri sur un jeune soldat, livide, muet, sans mouvement, la tête enveloppée de linges sanglants. Un bersaglier, atteint d'un éclat d'obus dans les reins, avait parfois de grands cris et rejetait d'un geste fiévreux la capote dont on avait couvert son torse nu. Avec une patience infinie, le major recouvrait le bersaglier en le grondant doucement. Les autres blessés (dont quelques-uns grièvement) gardaient un silence plein de fierté, très impressionnant. Certains souriaient faiblement, en inclinant la tête pour remercier si on leur adressait quelque bonne parole. Un d'eux, rouge de fièvre cependant, à qui je demandais s'il souffrait beaucoup, me répondit simplement :

— Oui, mais ça ira mieux tout à l'heure, quand on m'aura pansé.

Comme je sortais de l'ambulance, on emportait, sur une civière, le jeune soldat immobile maintenant, et roidi dans son manteau, la face couverte. Un petit fantassin courut sur le chemin par où s'en allait la civière. C'était l'aumônier du détachement. Il se pencha sur le corps, caressa doucement la pauvre tête ensanglantée. Puis, tirant de sa vareuse une étole violette, il la passa autour de son cou et, tête nue, les doigts levés, dans un geste de bénédiction, sur le cadavre tiède encore, d'une voix qui tremblait d'émotion, il prononça les paroles liturgiques.

Je suivis le convoi. A cent mètres au-dessus du campement, les alpins ont aménagé un petit cimetière. Dans une fosse point encore fermée, on avait couché trois soldats, côte à côte dans la fraternité de la mort. Pieusement, sur le manteau qui les recouvrait, on avait jeté quelques fleurs. Ils allaient dormir là, à jamais. Le matin, ils étaient montés à la tranchée en riant et en bavardant. Des mères, des épouses, des fiancées rêvaient peut-être à eux en ce moment et se disaient, l'espoir dans le cœur, que la guerre leur rendrait l'être cher!...

Pendant que je m'éloignais, le cœur serré, une effrayante explosion nous fit sursauter tous. Et, projetant autour de nous une masse de terre et de cailloux, un obus éclata à vingt pas, dans une colonne d'âcre fumée noire.

Le lendemain, je rencontrai le commandant qui avait dirigé notre caravane. Il me confia qu'à plusieurs reprises, nous avions été en danger pendant la canonnade et qu'en songeant à sa responsabilité, il avait vu se terminer avec plaisir cette visite aux avant-postes. Je lui demandai si l'attaque, annoncée par le bombardement des Autrichiens, s'était produite. Il me tendit le communiqué du général Cadorna et j'y pus lire que l'ennemi avait, la veille au soir, tenté, sur plusieurs points et notamment sur la crête des Alpes Carniques, de forcer les lignes italiennes, en prononçant contre elles des attaques d'infanterie précédées de violents actions d'artillerie. Toutes avaient été victorieusement repoussées.

A la bonne heure. Je m'en allai satisfait. Que sur nous le danger eût la veille étendu son ombre, pendant quelques instants, quelle importance cela avait-il à côté de ce résultat : « Une fois de plus l'offensive autrichienne a échoué »? C'était évidemment là l'essentiel.

XIV

POURQUOI GORIZIA
N'EST PAS ENCORE PRISE

—

Udine, 20 septembre 1915.

Aux stratèges de brasserie qui, entre deux tournées
de bocks, décident du sort des batailles, à ceux qui parlent de *la plaine de l'Isonzo*, qui s'étonnent des len-
teurs de la marche de nos alliés sur Trieste et se
scandalisent de ce que Gorizia n'ait pas encore été prise, il faut conseiller le voyage d'Udine à Cormons, et
aussi une promenade sur le petit mont Quirino. Je ne
sais pas de leçon de géographie plus profitable.

Quand on a franchi l'ancienne frontière sur l'Indro
à Visinale, et qu'on a traversé Cormons, blanche de
poussière, si on a le courage aisé de gravir la colline du
Quirino, on perçoit exactement, dans une intuition su-
bite, la nature et la portée des opérations qui se déroulent sur l'Isonzo.

Le panorama est un des plus vastes de l'Italie. A
ma droite, s'étendait, verte et rousse, la plaine de Cormons si fertile, si riche en vins généreux; devant moi,
les hauts plateaux du Carso, battus à ce moment-là par
les batteries autrichiennes de Volonopkiak, dessinaient,
à travers un léger brouillard, leur ligne sombre tache-
tée des fumées d'obus. A leurs pieds, dans une courbe

d'argent, l'Isonzo allongeait sa course jusqu'à Gradisca déserte, à moitié détruite et, par là, jusqu'à son confluent, le Natisone.

A gauche, le Collio, c'est-à-dire creusant entre elles d'étroites vallées, une série de collines et d'ondulations parallèles, étagées de deux cents à huit cents et mille mètres; les premières, aux lignes molles, riantes, chargées de verdure et de vignes; les autres, d'aspect plus sévère à mesure qu'elles s'élèvent; les dernières grises et dénudées. Toutes s'abaissent vers le Sud en laissant entre elles et le Carso, une large échancrure. Dans ce vide noyé de brume, un clocher pointait, comme une sentinelle perdue. C'était Gorizia, ou mieux, une de ses églises. A l'horizon, devant nous, autour de nous, l'artillerie autrichienne tonnait. Et même sans les explications abondantes et précises d'un officier disert, j'aurais compris.

Devant ce spectacle frappant, comment ne pas deviner la stratégie des deux adversaires? Et aussi les difficultés, que doivent vaincre, chaque jour, nos alliés?

Deux objectifs guident leur marche en avant, l'occupation de Tolmino et surtout la prise de Gorizia. Il suffit de jeter un coup d'œil sur une carte pour entrevoir l'importance de cette dernière ville à cheval sur deux lignes de chemin de fer, celle de l'Isonzo, route de Klagenfurth et de Vienne; celle de Monfalcone et de Trieste qui dessert le sud de la monarchie autrichienne. Impossible de délivrer Trieste sans occuper Gorizia, c'est-à-dire sans couper au Nord, celle-ci, de ses communications. Dans le même temps qu'elle précisait et organisait la conquête de la rive droite de l'Isonzo, de Cormons à Grado, l'armée italienne portait donc son effort sur Gorizia. Un effort réfléchi, savant, tenace. Enlever la ville dans une série de combats meurtriers c'était faisable. Mais la ville ainsi emportée d'assaut, il eût fallu s'y installer, la garder. La sagesse de l'état-major s'y refusa. Voici pourquoi.

Ainsi que je le disais tout à l'heure, Gorizia s'appuie sur l'Isonzo, à l'extremité d'une série de collines et de monts qui s'abaissent vers elle « pour lui rendre hommage », a dit un poète. Elles constituent autour de la ville une sorte de cirque aux trois quarts fermé. Devant Gorizia, derrière elle, à sa droite, à sa gauche, sur chaque hauteur, les Autrichiens se sont formidablement retranchés. De nombreuses et puissantes batteries y sont à demeure. Du monte Quirino, mon guide me montrait Gorizia, d'un côté, sous le feu des canons autrichiens du Monte Santo, du Monte Gabriele, du Staragora, du Monte Saint-Michel; et, de l'autre côté du fleuve, sous les batteries du Monte Sabotino, de Podgora et du Carso. Avant de pénétrer utilement dans Gorizia, il faut se rendre maître de ces sommets qui l'entourent. La tâche est malaisée, certes! Elle n'est pas impossible. Au flanc de tous les monts une avance lente, mais méthodique et sûre se poursuit.

On le voit, ceux qui, sérieusement, parlent de « *la plaine de l'Isonzo* » sont des gens qui prendraient le Pirée pour un homme. La vérité est qu'ici, sur ce nouveau terrain d'opérations, dans le vaste amphithéâtre que constituent les contreforts des Alpes juliennes, les Italiens se heurtent au même genre de difficultés que sur tout le reste de leur front. Les sommets à conquérir sont moins élevés, voilà tout. Plus de glaciers ni de pics inaccessibles. En revanche, des positions redoutablement armées et retranchées, peuplées de soldats et de canons. Presque chaque jour ce sont prononcées de plusieurs d'entre elles, de terribles actions d'artillerie contre les lignes italiennes. Hier encore, à la suite d'un bombardement qu'ils avaient cru plus efficace, deux régiments autrichiens essayaient de repasser l'Isonzo. Ils ont été à peu près exterminés.

Le moment approche, toutefois, où nos alliés entreront dans Gorizia. Une à une, tranchée par tranchée tombent les positions qui l'entouraient d'un cercle de mitraille. La guerre de siège, caractéristique des terribles luttes d'aujourd'hui, exige pour la victoire, ici plus que partout ailleurs, l'étroite coopération de deux facteurs : l'installation et la coordination minutieuse de postes d'observation de plus en plus nombreux; l'indispensable concours d'une artillerie supérieure à celle de l'ennemi. Et, par voie de conséquence, des munitions chaque jour plus abondantes. On connaît ce principe de la tactique allemande : « toutes les fois qu'on le peut, remplacer les hommes par une dépense plus grande de munitions ». Nos alliés pourraient négliger ce principe, car leurs réserves d'hommes, on ne saurait trop le dire, sont considérables. Ils n'en développent pas moins, chaque jour, dans les proportions les plus satisfaisantes, leur production en munitions. Chaque jour, leur artillerie devient plus puissante. De singulières surprises, si j' en crois mes renseignements, attendent les Autrichiens.

Au nord de Gorizia, après s'être emparés de Caporetto, après avoir remonté par la vallée du haut Isonzo, sur la route de Prédil jusqu'à Serpenizza, Saga et Plezzo, conquises d'hier, les Italiens ont pris position sur la chaîne du Polounick. Au prix d' efforts surhumains, ils ont conquis, mètre par mètre, le légendaire Monte-Nero, hérissé d'obstacles militaires ou géologiques.

Ils sont à quelques kilomètres de Tolmino, nœud de la route de Vienne par le col de Tarvis et l'un des centres de ravitaillement des troupes autrichiennes.

Devant l'importance de ces faits, elles paraissent naturelles et légitimes, les paroles que le commandant en chef de l'armée de l'Isonzo prononçait, hier, en recevant la caravane des journalistes. « Si dure que doive être encore la lutte, nos soldats ont le droit d'être fiers des résultats obtenus ».

XV

SUR L'ISONZO
LE GARDIEN DE LA VALLÉE

—

Caporetto, le 21 septembre 1915

Un jour, aux temps heureux où la géographie n'e-
xistait pas encore, le diable voyageait dans le pays qui
devait être l'Autriche. Il était plein de joie et d'orgueil.
Peut-être avait-il appris du Destin qu'un jour naîtraient
François-Joseph et Guillaume II. Il rencontra une jeune
bergère qui rentrait chez ses parents et il voulut la
contraindre à lui rendre hommage. Elle s'y refusa.

— Tu me résistes? lui cria le Maudit. Eh bien, pour
ton châtiment, tu ne pourras jamais plus revenir chez
toi.

Et, d'un geste, il fit se dresser devant la pauvrette
épouvantée, une énorme chaîne de montagnes. Mais la
Vierge vint au secours de la bergère. Un cours d'eau
jaillit soudain de terre et se mit à contourner les rochers. Une planche flottait sur les ondes miraculeuses.
L'enfant s'y plaça et regagna ainsi sa demeure en rendant grâce à Dieu. Le cours d'eau ne s'arrêta point. Du
haut de la montagne qu'il avait tirée de l'enfer, Satan
essaya de l'anéantir en lançant sur lui d'énormes rochers. Mais une force invisible les écartait du courant

— 253 —

qui grossissait toujours. Et c'est ainsi qu'apparurent, pour la première fois ici-bas, l'Isonzo, les cimes de sa vallée et le Monte-Nero, éternel témoin de la défaite de Satan.

De cette jolie légende qu'une aimable aïeule me contait l'autre soir à Gémona, les géographes retiennent seulement ceci : « l'Isonzo est un fleuve sinueux qui a creusé son lit entre des cimes ». Une d'entre elles commande la plus grande partie de son cours. Ou plus clairement encore, le fleuve sur lequel et pour la possession duquel Italiens et Autrichiens se battent depuis quatre mois, présente, de son embouchure à Gorizia, la forme d'un S obliquement couché et auquel on aurait ajouté une petite boucle du côté de cette ville. Sur les deux tiers de son parcours, le Monte-Nero domine l'S, je veux dire le fleuve et sa vallée.

J'ai tenu à voir ce Monte-Nero qui a rempli de son nom les journaux du monde entier. Tout d'abord, on a une déception. Le massif a usurpé son nom. Ce nom n'est que le résultat d'un contre-sens. En slave, la montagne s'appelle Cnr ou Cner ou Cern qui veut dire : « pierre taillée ». Des Italiens ont lu Cerna, c'est-à-dire sombre. D'où cette appellation injustifiée de Monte-Nero. Les masses rocheuses de celui-ci ne sont pas plus noires que celles des autres chaînes. A l'heure ou je le vis, il apparaissait d'un gris sale, tirant sur le jaune. Bien moins élevé dans les nues, dépourvu de glaciers, sans grandes beautés pittoresques, il n'a même pas ces fléchettes élancées, ces pics aigus, ces courbes hardies qui donnent aux massifs de l'Ortler ou de l'Adamello, aux Dolomites ou même à certains pics de la Carnie, leur impressionnant aspect.

C'est, projetée du sud-est au nord-ouest, une longue et énorme masse qui, de loin, paraît presque horizontale, et dont la crête affecte vaguement la forme du nez d'un homme couché. On a donné à cette ressemblance le nom de Nez de Napoléon. Je ne sais si celui-ci en eût été flatté. Cet ensemble médiocre change pourtant d'allure, et le mont prend soudain un aspect redoutable lorsque, avec le recul nécessaire des hauteurs du Colamat ou du pas de Zagradan, par exemple, il offre au voyageur le spectacle de sa chaîne abrupte surplombant de plus de deux mille mètres le cours de l'Isonzo et comme prêt à l'écraser sous le poids de ses contreforts calcaires. L'importance stratégique du Monte-Nero apparaît alors dans une lumière éclatante.

Placé presque au centre de l'S que dessine le fleuve, il en menace le cours, et notamment deux des trois parties de celui-ci, le haut Isonzo, qui de Plezzo s'étend jusqu'à Caporetto, et le moyen Isonzo qui coule de Caporetto, à Salcano et San Mauro. Lorsque venant de Gorizia, on remonte le fleuve, à 8 kilomètres de Plava, dès Globno, la vallée s'élargit et l'on voit se dresser derrière Tolmino la masse trapue et inquiétante du Monte-Nero. A Tolmino, on se sent écrasé par elle et si l'on continue à remonter le courant bleu d'azur de l'Isonzo, par la route de Saga et du Prédil, à partir de Caporetto, surgit de nouveau la monstrueuse silhouette, barrant horizontalement le ciel, et étendue vers Plezzo comme une bête repue qui sommeille. Gare à qui ose l'éveiller !

Or, l'avance italienne, dans le grand secteur militaire, se proposant deux objectifs principaux : Tolmino et Gorizia (et, par voie de conséquence, Plezzo, au nord et Plava, au sud), la première préoccupation de l'état-major général a donc été de maîtriser le géant, gardien de la vallée, c'est-à-dire de s'emparer du Monte-Nero. On y employa vingt-quatre jours. Tous les journaux ont raconté (et je m'abstiendrai d'en reparler), les surprenantes rencontres, les luttes de tranchée à tranchée, les combats corps à corps, les sanglantes surprises de ces journées terribles. Du 30 mai au 22 juin, ce fut le long des parois presque partout à pics (l'escalade se faisait avec des cordes), sur les éperons, sur les crêtes une atroce bataille, sans arrêt ni merci. Les contreforts du Potoce, du Vrat, le fronte Iheme, le mont Kozlaïk resteront glorieux dans l'histoire de l'armée italienne, et particulièrement des bataillons alpins. Veut-on savoir dans quel esprit de laconique simplicité sont rédigés les communiqués du général Cadorna? Le bulletin qui annonçait le terme de cette lutte de géants et consacrait le définitif succès des Italiens, faisait tenir cette victoire tout entière, comme en un monceau d'or on enserre un diamant, dans une phrase lapidaire : « Dans la zone du Monte-Nero et le long de l'Isonzo, la journée du 22 s'est passée tranquillement ».

Dès le début des hostilités d'ailleurs et dans le même temps qu'on attaquait la chaîne du Monte Nero, prévenant ainsi toute surprise de ce côté, nos alliés, débouchant sur l'Isonzo, vers le centre de l'S, s'emparaient de Caporetto, peu à peu poussaient jusqu'à Saga, et s'approchaient du bassin de Plezzo. Au sud, du côté de la petite boucle de l'S, ils envahissaient la vallée de l'Iudrio s'établissaient sur le Monte-Korada et sur Planina, puis s'avançaient sur Plava, pendant qu'une autre armée marchait sur Cormons, passait la frontière à Vizinale-Brazzano et dominait la rive droite de l'Isonzo, de Gradisca à Monfalcone.

Conduites avec rapidité et décision, ces diverses opérations réussissaient les unes après les autres. Dans les *terre irredente*, les patriotes accueillaient avec transport les troupes victorieuses. On m'a raconté que le premier jour de la guerre, au moment où sonnaient trois heures du matin, les douaniers de Vizinale, séparés seulement du territoire autrichien par le petit pont jeté sur l'Iudrio, s'élancèrent de l'autre côté de la rivière pour empêcher leurs collègues de la veille, devenus leurs ennemis, de faire sauter le pont. Les douaniers de François-Joseph prirent la fuite. Ce fut aux cris de : « Vive l'Italie » que les troupes italiennes pénétrèrent dans le village. Un vieillard de plus de quatre-vingt ans se leva, malgré l'heure matinale, et courut à leur rencontre, aussi vite que le lui permettaient ses jambes affaiblies par l'âge. Il pleurait de joie et s'écriait : « Merci, mon Dieu, de m'avoir permis de mourir Italien! » Sur une hauteur, le petit clocher de Saint-Georges de Brazzano mettait en branle toutes ses cloches et ses joyeux carillons annonçaient de commune en commune, jusqu'à Udine, l'entrée des Italiens dans les pays opprimés.

Du côté de Plava, nos alliés avançaient méthodiquement. Plava est un coquet petit village de 200 habitants, situé au fond d'une gorge aux pentes rapides et boisées entre lesquelles l'Isonzo pousse des eaux violentes et profondes. Les Italiens avaient ici à surmonter, en plus de la résistance autrichienne, de durs obstacles, des tranchées en ciment armé défendues par d'inextricables réseaux de fils de fer renforcés de barrages et de fers en T. De nombreuses pièces de gros calibre, des 305, dissimulés sur les hauteurs environnantes et impossibles à repérer, faisaient passer sur les assaillants des ouragans de mitraille.

Cependant, en quelques jours, les hauteurs de Plava étaient conquises. Et le général Cadorna pouvait écrire : « Notre infanterie, fortement appuyée par le feu de l'artillerie, a donné de belles preuves de ténacité et de courage ».

Ainsi, pendant que, sur le bas Isonzo, on plantait les couleurs de la maison de Savoie aü sommet des chantiers de Monfalcone, dans la région haute et moyenne du fleuve nos alliés accentuaient leur marche victorieuse. Aux points importants de l'S sont quatre cirques naturels, deux grands et deux petits : Plezzo et Tolmino, Caporetto et Plava. A l'heure actuelle, Plezzo se trouve (et depuis plusieurs jours) abandonnée et incendiée par les Autrichiens qui, du mont Rombon et du mont Javorcek, tentent un dernier effort. Caporetto et Plava sont totalement pris. Et les tranchées italiennes touchent aux faubourgs de Tolmino.

Au sud de l'S et de sa boucle postiche, de redoutables obstacles retardent l'effort de nos alliés.

Au point où nous en sommes, on peut dire que la première partie de l'action s'achève. Conquis et annihilé, le Monte-Nero n'est plus ni une barrière ni une menace. Comme jadis, lorsqu'il fut vomi par Satan, le géant de la vallée a été vaincu. Il a dû, une fois encore, laisser passer la jeune fille qu'il voulait arrêter sur le chemin de sa maison. Mais, cette fois, nul besoin n'a été d'une intervention miraculeuse : la bergère sans peur, c'était l'Italie.

XVI

COMMENT FUT ENLEVE LE FORT DE PLEKA

Caporetto, 22 septembre 1915

J'ai eu l'occasion de l'apprendre, de la bouche même d'un des soldats qui, dans cette opération, se cou-
vrirent de gloire. A dire vrai, les régiments engagés ri-
valisèrent d'ardeur et d'héroïsme, donnant ainsi au roi
et aux chefs l'impression qu'avec de tels hommes rien
n'était impossible.

C'est aux environs de Milan que j'ai pu m'entretenir avec ce brave garçon actuellement en traitement.
Quoique blessé assez dangereusement à la jambe, il n'a
rien perdu de sa belle humeur. Et c'est en riant de bon
cœur à certains souvenirs qu'il m'a fait son récit.

« Dès les premiers jours, le commandement eut
pour objectif Tolmino. Une partie des troupes franchissant la frontière descendait alors des hauteurs, sur
Luico et Caporetto, une bien jolie ville, Monsieur! qui,
par rapport à notre position, était, si vous voulez, en face ou à gauche de Tolmino. Ça commença d'abord par
l'artillerie. Nos batteries installées sur les monts Collau-
rata et Zagradan battaient les forts de Tolmino, de Santa Maria et de Santa Lucia. Après un essai de résistance, les Autrichiens abandonnaient Caporetto et se re-

tiraient au delà de l'Isonzo. Tout cela vous avez pu le voir dans les journaux comme aussi notre inaction forcée du 25 au 30 mai, à cause du temps effroyable qu'il faisait au pied du Monte Nero. Pluie, froid, brouillard, neige; l'Isonzo grossi par les pluies emportant les ponts construits pour le passage des troupes : bref, une série d'obstacles bien ennuyeux.

« Nous avions devant nous le fameux Monte Nero. C'est une masse énorme de rochers coupés de bois, de torrents, de précipices, et de près de 2500 mètres de hauteur. Nos chefs nous ayant dit : « nous allons nous en emparer » nous disions : « On s'en emparera ». Nous savions aussi que les flancs de la montagne, sur certains points, avaient été garnis par les Autrichiens de tranchées en ciment armé, quelques unes même blindées. Avec cela, les diverses hauteurs de la montagne sont gardées par une série de forts tous solides et aménagés selon les dernières règles de l'art: mais on ne se troublait pas pour cela; on se disait : « On verra bien ».

« Pendant que le mauvais temps nous clouait au pied de la montagne, les Autrichiens recevaient, eux. d'importants renforts, hommes. armes, munitions. Nous avons pu nous en rendre compte un peu plus tard. Le 31 Mai le temps étant devenu plus favorable nous partions pleins d'ardeur. Nous avions, ce jour-là, pour objectif, le fort de Pleka, bâti à plusieurs centaines de mètres de hauteur et l'un des premiers ouvrages avancés. Les Autrichiens nous attendaient. Ça chauffa vite et très fort; si fort même qu'à un moment donné il fallut s'arrêter. Appuyé sur ses tranchées et sur les forts qui faisaient pleuvoir sur nous de la mitraille, l'ennemi résistait vigoureusement. Nous faisions donc une pause quand on nous signala que la garnison du fort de Pleka tentait une sortie? C'est alors que ça devint tout à fait intéressant.

«Ces gens-là s'imaginaient qu'ils allaient nous culbuter sur les pentes. Ils avaient compté sans nos Alpins. Savez-vous ce qu'ils faisaient pendant ce temps là, nos Alpins? Une chose magnifique. Tout simplement ceci: partis de Caporetto, ils avaient tourné la montagne d'un autre côté, gravi les pentes, les éboulis, l'escarpement des précipices. Ils avaient atteint des sommets et y ayant accroché des cordes de là ils se laissaient glisser en dégringolant par des à pic sur les derrières de l'ennemi. Ils tombaient sur lui comme une pluie guerrière. Ç'a été alors parmi les Autrichiens une épouvante. Des prisonniers disaient le lendemain : « Nous avons cru à une charge de démons. Qui eût pu résister à tant de furie? » Il y eut là des minutes extraordinaires. Prenant la garnison à revers, les Alpins au cri de : « Avanti, Savoia!» chargeaient l'ennemi sans lui laisser un instant de répit. Ils lui coupaient la retraite. Cette garnison qui se flattait de nous détruire, vous devinez ce qu'elle devenait, prise ainsi entre deux feux. Nous poussions des cris de joie. Je crois qu'aucun de ceux qui étaient sortis du fort autrichien n'y rentra. Tous furent tués ou faits prisonniers. Et le soir, le fort de Pleka était à nous. Moi j'avais été blessé sur la fin du combat, mais nous étions si contents que je ne sentais rien du tout, sinon quelque chose qui coulait un peu le long de ma jambe. Du sang ou de la sueur? Je n'y pensais pas »

Ce brillant fait d'armes, un de nos plus distingués confrères de la presse italienne, rédacteur au *Secolo*, M. Amedeo Mazzotti, revenu hier de Caporetto m'en a confirmé l'exactitude en me donnant obligeamment quelques détails sur ce qui suivit la prise du fort de Pleka. J'avais compris toute la grandeur de cet exploit. M. Mazzotti m'en fit apprécier l'importance stratégique. En s'appuyant sur l'ouvrage conquis, le général F... put engager l'attaque générale du Monte Nero qu'on assaillit à la fois par le Nord, en gravissant les pentes étagées au dessus du fort de Pleka et, par le Sud, en lançant sur un autre ouvrage puissamment défendu, le fort de Merzlick, des forces suffisantes de bersaglieri et d'infanterie soutenues par des Alpins. Après quatre jours d'une ardente bataille où l'héroïsme italien réalisa des prodiges, le Monte Nero fut conquis et se trouva coupé de toute communication possible avec l'ennemi. Tolmino si fier jusqu'alors de sa redoutable ceinture de fortifications commençait à entrevoir la défaite, d'ailleurs inevitable et prochaine, et peut-être accomplie quand vous lirez ces lignes. Et l' archiduc Eugène quittait la ville, la rage au cœur.... Comme ses congénères, l' aigle d'Autriche peut, dit-on, fixer le soleil sans être ébloui. Il recula clignotant, effaré et plein d'épouvante devant les étendards de la maison de Savoie.

Un des vaillants qui tombèrent sur les pentes du Monte Nero, le colonel Negrotto, quelques instants avant de mourir dicta pour son fils une lettre comme seuls en peuvent concevoir les héros : « Voici, mon fils, l'héritage que je te laisse. Sois pour ta mère, désormais seule au monde, un fils soumis et plein de respect. Demeure sa consolation et son appui. En toute circonstance montre-toi probe, vaillant et intrépide. Aie l' orgueil de ton nom d'Italien et vis de telle sorte que tous tes actes concourent à la puissance et à la grandeur de notre patrie ».

Dans ces paroles dignes de l'antiquité, dans la terrible bataille de quatre jours livrée sur les pentes abruptes du Monte Nero, dans la magnifique ruée des Alpins par dessus les précipices, sur le fort de Pleka, que de beautés, que de grandeur! Qui resterait insensible devant cet admirable épanouissement des vertus de l'âme italienne? Comme on comprend que notre sœur latine légitimement tressaille de fierté et d'espérance à sentir ainsi en elle de telles ressources d'énergie et de tels élans vers le sublime!

XVII

LA SENTINELLE AVANCÉE DE TRIESTE

---

24 septembre 1915.

C'est le Carso. Du moins on l'appelle ainsi. Et rarement appellation se trouva plus légitime. Nous avons pu en juger, ce matin, d'un sommet d'où jadis Attila, ivre d'hydromel, regarda longuement brûler la florissante Aquileia incendiée par son ordre. Moins féroces que le précurseur de Guillaume II, en gravissant ce matin les pentes boisées de la position, nous n'avions d'autre dessein que de compléter notre vision de la bataille qui, depuis trois mois, se livre autour de Gorizia.

L'autre jour, il nous avait été donné, du monte Quirino, d'embrasser du regard la ville enserrée et défendue par l'arc de cercle des positions autrichiennes de Podgora, du monte Sabotino, du monte Santo, du monte Gabriele, et du Staragora. Hauteurs à l'assaut desquelles, inlassablement, les Italiens montent, dans un effort quotidien et que rien n'arrête. Aujourd'hui, nous nous trouvions devant ce Carso qui, dans les communiqués, apparaît comme un rival du Monte Nero. D'où nous étions, il n'était pas besoin d'une longue contemplation pour en apprécier l'importance militaire et pour penser que *la sentinelle avancée de Trieste* mérite son nom.

J'expliquais, dans un précédent article, que le haut et le moyen Isonzo dessinent une sorte d'S obliquement couchée, du nord au sud-ouest. Dans sa partie basse, le fleuve continue à pousser ses eaux rapides, du côté de l'ouest, depuis San Mauro et Calcano; il s'infléchit après Gorizia, au-dessous du monte Fertino et décrit, de Mainizza à Monfalcone, un vaste demi-cercle. Ce demi-cercle est bordé, surveillé et commandé par le Carso, jeté ainsi entre le fleuve et Trieste comme un premier et redoutable ouvrage défensif.

A ce rôle tout le prédispose; sa hauteur moyenne, de quatre à cinq cents mètres, suffisante pour qu'il menace à la fois les approches de Gorizia, la vallée du Vipacche étendue à ses pieds, et le dernier trajet du fleuve; assez ordinaire pour que l'installation de batteries d'artillerie, sur les diverses parties du haut plateau soit relativement aisée. Ajoutez les avantages de son ossature, faite de calcaire crétacé, la série d'ondulations qui le prolonge vers le sud-est et l'abondance de cavernes ou grottes naturelles qui en font, pour une armée, un étonnant ensemble de forteresses souterraines. Jadis le consul Manlius défait par les peuplades de l'Adriatique y put cacher ses légions. Les Autrichiens en ont fait leur plus sûre citadelle.

De notre observatoire improvisé, nous pouvions le voir dans toute son étendue, nous l'apercevions comme l'échine courbée de quelque gigantesque animal. Cette échine commence par devant le monte Fortin, se redresse progressivement jusqu'au mont Saint-Michel, continue peu à peu renflée, atteint un premier sommet vers la Sella di San Martino, subit sur ce point une sensible dépression, remonte vers une tache blanche qui est Castel Novo et redescend en pente douce pour disparaître derrière les ondulations de la colline aux six têtes, les Sei Busi.

Au flanc du mont incessamment battu par les obus autrichiens, courent en serpent monstrueux les tranchées italiennes. Sur un point, un peu plus loin que le mont Saint-Michel, est un bois de sapins disposés en demi-cercle; plus loin, un autre bois, en forme de capuchon jeté sur l'arête. C'est ici le bois du Fer à Cheval; là, le bois du Capuchon. Nos alliés viennent de s'en emparer, après des combats furieux. Le reste du versant, du côté du sommet tout au moins, est tantôt noir, tantôt d'un aspect roussâtre. On dirait du sang mal lavé. Les pluies de fer et de mitraille qui se sont abattues sur cette partie du Carso ont brûlé toute végétation. Sur les pentes, s'il y a encore des champs, ce sont des champs de ferraille et de débris d'obus rongés de rouille. Tranchées italiennes et autrichiennes sont distantes de cent, de soixante-dix, de cinquante mètres. Plus proches encore, sur certains points. On a pu voir, certains jours de combats plus particulièrement violents, les Italiens s'élancer en dehors de leurs abris et se battre avec leurs ennemis à coups de grenade, tels des écoliers qui livrent bataille avec des boules de neige.

De tout cela nous nous pénétrions en écoutant devant le Carso, par instant couronné de feux, le lumineux exposé d'un officier fort distingué, colonel d'état-major et l'un des généraux de demain. Il nous montrait l'immense étendue du panorama déployé devant nous jusqu'a Gorizia. Sur chaque point, la guerre et ses divers aspects : à l'horizon, les glaciers du mont Canin resplendissant sous le soleil : le Monte Nero, toujours maussade et inquiétant; le mont Korada, plus près de notre regard, et la série de collines et de plateaux qu'il semble engendrer, tout le Collio, le cercle de fer et de feu qui entoure la ville assiégée. Et, devant nous, le Carso, rempart de Trieste et le plus impitoyable geôlier de Gorizia.

D'où nous étions montés, apercevant tout ce panorama, comment n'aurions-nous pas été vus, nous aussi? Des aéroplanes autrichiens s'avançaient parfois vers notre caravane. Alors, interrompant sa causerie, le colonel nous priait de nous abriter dans un petit bois voisin. L'aéroplane passé, la leçon recommençait, bientôt interrompue par l'arrivée d'un nouvel avion. Evidemment notre groupe intriguait les aviateurs autrichiens. Ils n'auraient pas été fâchés de nous demander, à coups de bombes, ce que nous faisions là, et ce que nous voulions. De leur côté les canons italiens les repéraient et essayaient de les abattre. Le trajet de chaque aéroplane était marqué par un sillage de petits nuages blancs : la fumée des obus qui éclataient autour de lui. Cinq ou six fois, le colonel dut interrompre ses explications pour nous demander de gagner le petit bois. Parfaitement dédaigneux du danger, lui et les officiers, nos guides restaient à découvert. Ce qui fit que, piqués dans notre amour-propre, nous ne voulûmes plus nous « défiler » quand les derniers avions accoururent. Peut-être furent-ils impressionnés par ce mépris, car ils s'en allèrent définitivement. Il n'est si bonne compagnie qu'on ne quitte.

— Dans l'immense cercle que vous voyez, terminait le colonel, il faut vous représenter qu'il y a près d'un million de soldats accrochés au flanc de chaque montagne ou en dominant le sommet, qui, pendant que nous causons ici avec tranquillité, luttent silencieusement et obscurément pour la victoire de l'Italie. Tenace et fécond, leur labeur est identique à l'œuvre imperceptible des éléments naturels sans cesse en action, inaperçus et ignorés jusqu'à ce qu'apparaissent les surprenants résultats de leur effort. Chaque jour, ces montagnes, ces plateaux sont un peu plus conquis par l'assaut des minuscules fourmis humaines dont rien n'arrête la marche en avant. Par ailleurs, en même temps que se poursuit notre offensive, nous avons établi derrière nos positions, des lignes de défense qu'aucun ennemi ne pourrait jamais briser. Les principaux ponts du passage de l'Isonzo sont entre nos mains; nous avons établi, au delà de Plava, une inexpugnable tête de pont. De même nous prendrons toute l'étendue du Carso; de même, nous vaincrons ».

Pendant qu'on félicitait le colonel, je regardais encore une fois le Carso. A l'heure actuelle, nos alliés en tiennent toute la crête, sauf sur le mont Saint-Michel qu'ils ont occupé d'abord, puis qu'ils ont provisoirement abandonné, pour ne pas laisser inutilement leurs soldats sous le feu des batteries voisines. Quand nos alliés arrivent sur un point de la crête du Carso, ils rencontrent une série de nouvelles ondulations qu'il leur faut enlever encore. En fournissant un solide point d'appui aux troupes italiennes, l'occupation des valonnements des Sei Busi a révélé son importance. Elle permettra de plus en plus, de faire, à Doberdo... Mais ici je dois m'arrêter. Vous seriez désolés, certes! que je fournisse, même involontairement, la plus mince indication aux soldats de François-Joseph.

L'après-midi, du côté de Turriaco, nous passions l'Isonzo et nous visitions Gradisca, aux pieds du Carso. Nos laissez-passer nous avertissant que si le trajet de la caravane s'accomplissait tout entier, ce jour-là, sous la menace du canon, nous nous trouverions, par surcroît, à Gradisca, dans le champ de la fusillade et des mitrailleuses. Aussi personne ne manquait au rendez-vous. Le canon tonnait; mais nous n'eûmes à essuyer que la poussière de nos automobiles conduites sur l'ordre des officiers, une à une, à un quart d'heure d'intervalle et en quatrième vitesse, de Romans à Gradisca.

La ville a été évacuée dès les premiers jours de l'occupation. Il y était resté des espions. Toute blanche sous le soleil, on eût dit d'abord une ville neuve — et endormie à l'heure de la sieste, d'un paisible sommeil. L'église défoncée et à demi-détruite, des maisons éventrées, autant que la violente canonnade ne tardaient pas à modifier cette première impression. Ce sommeil, c'était la mort. Mais jamais l'image de la mort ne se dressa devant moi aussi calme, aussi sereine. Dans cette mort de Gorizia, on devine une prochaine résurrection.

De retour à Romans (à quatre kilomètres de là), nous entrâmes dans un café. Une jolie servante, fort entourée, souriait aux plaisanteries des officiers. Dans la rue, des enfants jouaient pieds nus. Les habitants vaquaient tranquillement à leurs occupations, ou nous regardaient avec curiosité. Un homme pris de vin chantait en conduisant ses pas incertains, au détour de la route. Il y avait sur tous les visages une telle insouciance, ils marquaient une si grande indifférence pour les événements, la canonnade et le danger, qu'on en serait resté stupéfait si le soleil, souverain dispensateur de la gaieté et de l'espérance, n'avait jeté sur la guerre toute proche, et sur ses horreurs, l'irrésistible magie de son flamboiement. Tout à la joie de cette belle après-midi, le petit bourg se reprenait à la vie; il n'entendait plus le sifflement des obus; il oubliait ses souffrances et il se riait des traîtrises de la sentinelle avancée de Trieste...

XVIII

L'ETAT D'AME D'UN AUTRICHIEN

—

Udine, 26 septembre 1915.

A la fin de juillet dernier, les alpins poussaient une pointe hardie sur le plateau de Luznicka, dans l'âpre région du Monte-Nero. Une vigoureuse résistance leur était opposée par les Autrichiens; mais malgré l'acharnement de leur effort, ceux-ci se voyaient contraints d'abandonner deux positions avancées en laissant de nombreux prisonniers aux mains de leurs adversaires et, sur le terrain, deux ou trois centaines de morts.

Au nombre des cadavres se trouvait l'ingénieur Schl... de Prague. On trouva sur lui un carnet de notes quotidiennes et divers papiers, entre autres une lettre adressée à sa femme, quelques heures avant sa mort et restée inachevée. Et aussi deux poésies que l'ingénieur avait écrites depuis son arrivée dans la région du Monte-Nero. Lettre et papiers ont été fidèlement renvoyés à Mme Schl... J'ai pu avoir communication d'une copie faite sur les originaux.

Autant qu'on en peut juger par les fragments qu'on va lire, Schl... avait une volonté droite et un cœur tendre. Il déplorait la guerre, les conditions dans lesquelles elle avait été engagée, la façon dont elle était conduite du côté autrichien. Pris en grippe, malmené et sans cesse injurié par un officier du Sud qui détestait les Tchèques, mal nourri, soudainement privé de tout ce qui constituait pour lui le prix de la vie, il souffrait également de rencontrer autour de lui, dans l'armée de son pays, les divisions, les haines d'homme à homme, de région à région. Son carnet contenait sur ce point, m'a-t-on dit, de saisissantes révélations. L'ingénieur portait en lui, par surcroît, d'autres raisons plus profondes et plus cruelles de souffrir.

Homme de foyer, enclin aux rêveries sentimentales, il n'arrivait pas à comprendre que les hommes. au lieu de s'unir entre eux par les liens d'une union fraternelle, selon l'idéal qu'on lui avait proposé dans les universités. en vinssent à se ruer les uns sur les autres, avec le désir de s'exterminer. Il lui paraissait contre nature qu'ils missent les découvertes de la science et les plus précieuses ressources de l'esprit humain au service de leur ambition et de leur frénésie.

« Ah! ma chère Mina, écrivait-il, combien mes maî-
« tres m'ont trompé qui m'ont dit que la science con-
« duit au bonheur et à la maîtrise de soi! Je vois au-
« jourd'hui toute l'étendue des mensonges officiels et
« j'en reste stupéfait. Cette idée surtout qu'un morceau
« d'acier parti d'un shrapnell éclaté ou quelque balle
« tirée par un homme dont j'aurais pu être l'ami un
« jour, sont capables de vous réduire à la misère, vous
« autres innocents, plus encore que moi, me rend fou
« de chagrin. »

Ces pensées qui mettaient à la torture son âme trop sensible, l'ingénieur Schl... les exprimait en des vers philosophiques écrits le soir au cantonnement ou dans la tranchée, alors que le sommeil fuyait ses paupières gonflées d'avoir pleuré peut-être. Voici les deux pièces trouvées dans son portefeuille. On les a traduites littéralement. Par leur mélancolie, on pourra juger de l'état d'âme qui les a inspirées — et aussi des sentiments de sourde rancune qui courent dans les rangs des soldats autrichiens appelés à verser leur sang pour en venger un autre « qui n'était pas plus pur ». Cette allusion irritée aux conséquences de l'assassinat de l'archiduc Ferdinand apparaît comme un symptôme du plus vif intérêt, si l'on songe que celui qui se plaignait ainsi était un doux, un timide, pénétré de respect pour la personne et pour les ordres de l'empereur. Que doivent penser les esprits échauffés et prompts à la révolte?

« O nuit, que tu es belle — quand de la voûte bleue, trouée d'étoiles qui palpitent — tu descends bercer le sommeil de ma chère Mina — et de mes trois anges qui dorment blottis sous la couverture.

« O nuit, que tu es belle — quand sur les hommes las et mordus au cœur — par l'ambition ou le plaisir — sur la terre accablée des baisers brûlants du soleil — sur nos chagrins, nos haines, nos terreurs, tu répands — le dictame de tes philtres charmeurs et subtils.

« O nuit, sans qui la vie ne serait qu'une longue torture — comme tu es belle dans ta mission d'apaisement — et de tendresse. Mais aussi, o nuit — que tu m'apparais effrayante et hideuse — lorsque sous les plis de ton manteau, tu te fais la complice des œuvres de mort et quand derrière tes voiles — tu 'attises les haines entre les hommes et même — est-il possible! entre les frères d'une même patrie! — lorsque tu prépares l'égorgement des hommes, les incendies des villes — les hurlements des femmes et des enfants. O soleil! — soleil, pourquoi alors n'extermines-tu pas la nuit! »

« Je suis un rêveur dont les autres se moquent. Et je croyais à la fraternité humaine. Ils m'avaient dit, ces menteurs, à l'Université, qu'elle était close l'ère des orgies sanglantes de Sabaoth et que les seules batailles de l'avenir seraient les luttes joyeuses de la paix.

« Or, un cri effroyable s'est élevé au nord. La Gorgone affamée de chair et altérée de sang humain a crié: « Tuez! tuez-vous, les hommes! Deux empereurs man-

quent de nouveaux esclaves ». Les peuples alors se sont rués les uns sur les autres, sur ceux qu'ils auraient voulu peut-être appeler leurs frères. Et Dieu s'est voilé la face.

« Et maintenant le canon rugit, du matin au soir. Sur l'autel de Moloch, les races sont immolées. Quand la lutte rouge s'arrêtera, faute d'hommes, le drap noir, le drap funèbre se vendra plus cher à l'humanité en deuil que jadis les brocarts et les velours rehaussés d'or.

« La science, qui devenait notre mère, et dont l'ingénieuse bonté pansait les plaies des hommes, s'est brusquement changée en une mégère infâme. Je l'appelais « déesse et maman »; j'implorais son tendre cœur. Son visage était si rayonnant que les beautés d'ici-bas n'étaient que cendres auprès d'elle. La déesse ineffable s'est transformée. Regardez-là, soufflant la mort, avide de sang; c'est Locuste, l'empoisonneuse, et Médée qui égorge ses enfants.

« Quels fous sanguinaires l'ont déchaînée sur le monde florissant? Ceux-là, où qu'ils résident, Dieu lui-même ne pourrait leur trouver de châtiment. Les nations décimées les chargeront de malédictions, au cours des siècles. Elles crieront que ces fléaux n'étaient pas mérités par nous, gens dociles et bons aimant Dieu, l'empire et le prochain. Elles proclameront aussi que, dans cette guerre faite pour venger un crime, comme des gens nous le répètent, le sang des assassinés n'était pas plus pur que le nôtre, ni plus vermeil que celui qui noie l'Europe dans une mare de pourpre... »

Comment n'être pas frappé de l'intense mélancolie qu'exhalent ces fragments où déborde un cœur trop plein! Quel contraste entre ces lamentations et tout ce que nous voyons et devinons de l'âme italienne! Dans les lettres, les propos, les chansons des soldats du général Cadorna, c'est au contraire un perpétuel jaillissement de belle humeur et de gaîté. « Je passe, en ce moment, les plus beaux jours de ma vie », écrit un bersaglier à ses parents. « Quelle admirable existence, écrit un autre. Nous nous amusons comme des enfants quand nous ne courons pas à la gloire! » « Mes soldats sont autant de petits héros, toujours infatigables et en joie »; dit le lieutenant Pietro Corno, de ses hommes. « Les périls de la guerre ne sont rien auprès des bonheurs qu'elle réserve à notre amour de la patrie », tient à faire savoir à sa famille le soldat Audi Bologna. Rinaldo Torri, du 4° alpins mande à son père : « N'écoutez pas, je vous en conjure, les alarmistes. Rien ne m'arrivera. Si les « Tedeschi » ont un fusil, moi aussi j'en ai un! »

Sur les cimes du Trentin
Nous planterons le drapeau tricolore...

dit un air patriotique. « Adieu, ma belle, adieu; l'armée s'en va, dit un autre également en faveur sur tout le front; ne pas partir serait une lâcheté! ». Les chansons des bersagliers, hardies, railleuses, grivoises, sont comme celles de nos soldats, autant d'hymnes passionnés à la vie, au soleil, au bon vin, à l'amour, à la gloire, à la patrie, à toutes les bonnes et belles choses d'ici-bas. « Nous sommes les bersagliers, nou avons la jambe leste et la mort ne nous fait pas peur. — La vie du soldat est la plus charmante. — On rit, on chante, on sert le Roi, on bat l'ennemi et on est aimé des belles. — Soldats, aux armes! aux armes! Les canons, les bataillons, les boute-feux sont prêts à déchaîner la mort. — Au son de la trompette, toute la terre italienne résonne. — Vive la guerre! Vive la guerre! »

...Ce matin, pour notre dernière excursion au front, on nous a conduits de nouveau sur le bas Isonzo, du côté de Monfalcone, jusqu'à l'antique Aquileia et à Grado. De la lagune, on devinait, perdue dans les brumes à quelques kilomètres de là, cette Trieste, but de la guerre plus peut-être encore, s'il est possible, que

le Trentin, Trieste toujours enchaînée, Trieste, aspira-
tion suprême de l'Italie en armes. Nous regardions, é-
mus, nos camarades italiens qui s'élançaient au devant
de la *terra irredenta*. Certes! pour l'arracher à ses oppresseurs, de durs sacrifices seront nécessaires et aussi
des mois de lutte opiniâtre. Toutefois en songeant à ce
qu'il nous a été donné de voir et de comprendre pendant les quarante jours de cette promenade dans les
divers secteurs de la guerre, en nous représentant la
valeur des chefs de cette armée, l'élan et la tranquille
abnégation des soldats; en nous rappelant par contre,
ce que nous ont révélé de la mentalité des troupes autrichiennes plusieurs documents comme les écrits de
l'ingénieur Schl... nous sentions une joyeuse confiance
descendre en nous et la Victoire s'avancer sur l'Adriatique!...

INDEX

A MILANO.

NELLE OFFICINE DELL'*ISTITUTO EDITORIALE ITALIANO*
compose e stampò questo volume la maestranza: *Pietro Betteni,
Angelo Biffi, Serafino Nicolini, Giuseppe Riva*; curarono la
rilegatura: *Francesco e Gino Radice.*

ISTITVTO EDITORIALE ITALIANO